U0115436

藝術與生活
視覺美學之翱翔

作者 / 楊佳蓉 · 出版 / 萬卷樓圖書股份有限公司

藝術與生活—視覺美學之翱翔

目 次

楊佳蓉的詩與畫

推薦序

生活創發藝術，藝術美化生活

　　非洲民謠中有幾句話說：「藝術遠不及生活重要，但如果沒有藝術，生活會非常貧乏。」善哉斯言！生而為人，生活固然最為重要，沒有藝術，生命就無從延續。德國哲人尼采也說：「如果沒有藝術，我們就什麼都不是。」徒求基本生理欲望之滿足，而無精神世界的充盈和開拓，那麼人又何異於野獸？如果沒有藝術，人類的生活不僅貧乏而已，甚至陷入殘暴血腥、恐怖黑暗之中。所以生活除了滿足生理欲望之外，還須藉創造、欣賞藝術來滿足審美的需求。生活創發藝術，藝術美化生活，唯有如此，生命才不至於蒼白、乾枯，而享有璀璨、豐碩的內涵意義。

　　尤其在科技文明、拜金主義掛帥的今日社會，人們追逐聲名、好尚功利，幾乎滅沒於物欲漩流之中而無法自拔，終致人性斲喪、精神頹墮。如何賑饑拯溺，有賴藝術教育發揮功用。長年以來，通識教育中心即著眼於此，開設一系列相關的藝術課程，無非是希望加強同學的藝術修養，在精神、物質兩方面取得和諧平衡，培養健全的人格，擁有幸福美滿的人生。

　　佳蓉老師博學多才，對中、西方藝術史皆有精深的研究，著述等身，享譽學界；非僅如此，她還潛心創作，是國際知名的畫家和作家。理論與創作兼善，實難能可貴，令人佩服。這次特別撰寫《藝術與生活—視覺美學之翱翔》一書，內容從藝術起源論及欣賞創作，作品由西方跨度東方，讓我們了解藝術與生活的關係，發現生活中的美，增進藝術美感的體驗和學習，提升美學涵養及藝術欣賞、鑑賞的能力，並能將藝術應用於日常生活中。這本書架構宏寬、論述詳實、資料豐贍、編排精美，是近年來不可多得的優良教科書。用諸課堂，必能嘉惠學子，立收宏效。本人拜讀之餘，亦覺視域大開、收穫滿載，故樂為之序。

育達科技大學通識教育中心主任

藍培青 2017年元月

自 序

　　藝術發想自生活，中國古代將儒家「依仁游藝」的思想做為藝術創作的根本原則，創作是心跡的表現，高曠的心靈就會折射出高逸的作品內容與意境，可見藝術與生活的修養息息相關。宗炳的《畫山水序》說：「聖人含道應物，賢者澄懷味像......」聖賢遊賞山水，從自然萬物中發現道，即將人與自然和道聯繫起來，同時把道法和自然皆展現在藝術作品中；可知藝術源於生活，並一直向前發展，再迴響於生活上，讓生活更美好。

　　本書讓我們了解藝術與生活的關係，發現生活中的美，尤以視覺美學為主，增進藝術美感的體驗和學習，提升美學涵養及藝術欣賞、鑑賞的能力，並能將藝術應用於日常生活中。藝術與生活之間相互影響，書中內容包含：藝術的起源與人類的生活--舊石器、新石器時代及古文明藝術；藝術的意涵與分類；西洋各大藝術流派；藝術與生活中的模仿、遊戲與自我表現--為藝術而藝術之心理學說；藝術與生活中的宗教、勞動與裝飾--為人生而藝術之心理學說；色彩創思與生活中的美；藝術的形式原理與生活中的美；藝術與生活中的愛情、身心健康；藝術與生活精神--體認西方、東方藝術等。內容多元豐富，讓我們培養對藝術的興趣，以藝術怡情養性、美化人生，使生活更加充滿美的氣息。

　　本人非常榮幸與感恩於台灣科技大學、空中大學、育達科技大學與中國科技大學等校擔任助理教授，教授藝術與美學各門課程，因而促成本書的誕生。本書可說是我的前三本書：《藝術美學—玄妙中西繪畫》、《藝術欣賞—絢彩西洋繪畫》與《油畫欣賞與創作》的延續。本人自藝術研究所畢業，歷經獲得博士學位至今，於大學任教十六年多，已於大學學報、藝術期刊或國際學術研討會發表六十多篇藝術論作，自其中獲取豐富的材料，並依據本人於大學任教「藝術與生活」的授課大綱和內容，及觀察與關懷學生的學習需求，重新撰寫成本書；這本書也將成為我的第十七本著作。

　　在我的藝術專文裡，以及集結成藝術專書的內容中，總覺得在基礎的概念上有補充說明的必要，如藝術的意涵與分類、藝術的心理學說、藝術的形式原理等，於是在這本書，將這些藝術的概論全都補上了，讓讀者在閱讀時有整體的了解。本書還有一個特色，那就是在全書後面幾頁有我的詩與畫，精選12首，前6首與名畫有關，後6首與繪畫色彩、風格和哲思有關；希望將我的藝術創作融入生活的美中，這是藏在書裡的彩蛋，分享給親愛的讀者，期待您悅讀。

　　本書彙整工作繁重，附圖相當充足，能夠獨立及時完成，也覺不可思議；應是對藝術的一份熱忱，才能一直持續著自己所喜愛的藝術寫作、創作與教學。本書完成，內心充滿喜悅與感謝，寫作期間的種種辛勞悄然忘卻；期盼讀者能愉快的沉浸在藝術的閱讀中。寫作此書，不揣淺陋，願能在藝術教學上盡一份心力，並希冀未來有更深入的研究；敬請各位先進惠予指教，致上萬分感激。

作者 楊佳蓉 序於揚晨樓2017.07.22

藝術與生活—視覺美學之翱翔

第一章 藝術的起源與人類的生活（一）

舊石器時代與新石器時代

藝術的起源與人類的生活有密切關係，從史前人類的生活來看，古代人類使用雙手來製作器具時，並不是製作單純的藝術品，而是具有某些特定功能與目的，漸漸的才在器物上附加美的要素，這大約是舊石器時代（30000-10000BC）以後的事了。

史前藝術--舊石器時代(30000-10000BC)
女性雕像

目前我們發現最早的人類藝術品，產生於西元前三萬五千年至三萬年間，但是當時表現的人類特徵並不明顯。直到西元前二萬三千年前後，才出現第一個可以辨識面容的《布拉桑普伊的婦人》（圖1）。接下來發現的作品幾乎全是女性雕像，充分強調女性官能特色，並且大都是裸體，其中被稱為《威廉多夫維娜斯》石雕（圖2），就是和生殖有關的雕像，她有女性的性特徵，有乳房，還有豐滿的肚子和臀部。

圖1：《布拉桑普伊的婦人》，約23000BC，雕像。

史前藝術--阿爾塔米拉洞穴壁畫(Altamira)

自西元前兩萬年後，舊石器時代的人類，繪製了大規模的洞穴畫，是最古老的藝術創作。當時的人類居住在洞窟中，且不定居，他們主要以狩獵維生，過著遊獵生活。

圖2：《威廉多夫維娜斯》，石雕。

圖3：野牛壁畫，15000-13000BC，西班牙北部阿爾塔米拉洞穴壁畫。

1879年發現於西班牙北部阿爾塔米拉洞穴的「洞穴壁畫」（圖3），它是迄今最著名的壁畫，這些壁畫所描繪的大都為哺乳動物，是以一種十分有力且自然的手法所繪製，使用「前縮透視法」（Foreshortening）及「明暗表現法」等難度高的技法，線條簡潔有力，造型活潑生動。學者們多認為繪製壁畫的主要目的，應是以宗教性的信仰及實用性的裝飾為主。

史前藝術--拉斯寇洞穴壁畫(Lascaux)

圖4：法國南部拉斯寇洞穴壁畫，多點透視法。

　　1940年發現於法國南部拉斯寇山洞。其壁畫題材以狩獵為主，但構圖十分具戲劇化，並由早期自然寫實主義逐漸進入象徵風格的藝術。當時的藝術家，利用石頭上自然突起的造形，繪製出的一幕幕精彩的故事。題材多與狩獵有關的人物與動物圖像為多，形體多以側面方式繪出，而腳卻以正面角度描繪，這就是多點透視（圖4）。他們使用的媒材往往就地取材，有紅土、木炭、脂肪、百奎土等（圖5），可說是素描、水彩、油畫的起源。

圖5：法國南部拉斯寇洞穴壁畫，媒材有紅土、木炭、脂肪、百奎土等。

　　最原始、最基本的空間安排是沒有秩序的，稱為「填空白法」，以拉斯寇(Lascaux)的洞窟畫為代表（圖6）；所以，有人稱舊石器時代為「洞窟壁畫時代」。

史前藝術--新石器時代 (10000-5000BC)巨石文化

　　這個時期的特徵就是「巨石」，在群居之後，征服自然與未知的力量變成了一種可能，此時期出現了大量的巨石圖騰；所以，新石器時代又稱為「巨石文化時代」。

圖6：法國南部拉斯寇洞穴壁畫，填空白法。

　　其中以英格蘭威德郡的石柱群遺蹟最有名（圖7）。巨形方石柱是神的象徵，這些岩塊每個重五十噸，來自二十四里外的馬布洛‧當斯與南威爾斯，根據考古學家推斷是在西元前1900年左右開始建造的（約在大金字塔興建後八百年）。1963年，天文學家霍金斯教授宣稱，巨形方石柱主要是用來推測日出和日落及月球運轉的時刻，並可以推算出日蝕和月蝕的時間；也可說是一部早期的天文計算機。（圖8）

圖7：英格蘭威德郡石柱群。

圖8：英格蘭威德郡石柱群。

第二章 藝術的起源與人類的生活（二）

古文明藝術：美索不達米亞文明

在美索不達米亞可看到迄今最著名的藝術遺產。美索不達米亞是古希臘對兩河流域的稱謂，意為「（兩條）河流之間的地方」，這兩條河指的是幼發拉底河和底格里斯河。在此產生和發展的古文明稱為「兩河文明」或「美索不達米亞文明」（圖1），它大致位於現今的伊拉克和伊朗境內。

圖1：美索不達米亞區域。

約從西元前3500年開始，美索不達米亞就是世界古文明的發祥地之一。歷史上，蘇美人、阿卡德人、巴比倫人、亞述人、新巴比倫人、波斯人等都先後在此建立國家。西元前331年亞歷山大大帝征服並統一此地；持續約3000年的美索不達米亞古文明也終告衰退。

蘇美人最早在兩河流域建立城市；亞述人最早在美索不達米亞建立帝國；亞歷山大則將希臘文明帶到此地。總之，美索不達米亞的文明，是由兩河流域不同部族政權相繼承襲創造的，形成了多采多姿又多元的特性。

蘇美王國（3500-2330BC）

蘇美人創造了楔形文字，也發展出宏偉的神廟、殿堂，以及精美的祭器、神像、雕刻等。蘇美的閃族人以長生不老為願望；他們執著於現實生命的實踐。此時產生蘇美人最古老的美術作品；烏魯克時期（Uruk，3500-3000BC）用泥磚建造完成烏魯克神殿。兩河平原缺乏石礦和樹，因此蘇美的建築物都是使用泥磚建造的，磚與磚之間沒有灰漿或水泥連接，隨時間流逝會損毀，過一段時間就得被拆除、剷平和重造；故兩河平原的城市不斷抬高。這樣的古跡被稱為台勒（Tell），在中東到處都可以見到這樣的古跡。

圖2：蘇薩附近的塔廟（伊朗）。

蘇美人最壯觀最著名的建築是塔廟，它們建築在巨大的平台上（例如圖2：蘇薩附近的塔

廟）。蘇美的圓形印章上圖案，有類似伊拉克南部沼澤地的阿拉伯人使用蘆葦造的房子。蘇美的廟和宮殿使用更加複雜的結構和技術，如支柱、密室和黏土釘子等。

阿卡德王朝（2340-2180BC）

阿卡德王朝是美索不達米亞地區第一次的統一，但時間很短暫，其美術繼承蘇美時代，雕刻已有自然主義的傾向；納拉姆辛的浮雕（2500-2000BC）（圖3）上，納拉姆辛頭戴牛角帽，牛角帽是神的象徵，他自稱是神，畫面上有樹木、山石與人物的融合，是藝術史上首創的構圖。

圖3：納拉姆辛的浮雕，2500-2000BC。

圖4：《漢摩拉比法典》頂部浮雕，1780BC，玄武岩，高223.5 cm，蘇扎出土，巴黎羅浮宮美術館。

巴比倫王朝（2000-1759BC）

巴比倫王朝是美索不達米亞古文明的鼎盛時期，第四王朝的漢摩拉比王（在位期間1792-1750BC）更到達極點，他制定《漢摩拉比法典》，是世界最古老最著名的成文法典之一，《漢摩拉比法典》的頂部有浮雕（圖4），內容是：漢摩拉比王向御座上的太陽神薩滿禱告，最高法官太陽神授予漢摩拉比王象徵王權的輪與手杖；法典的正背面用「楔形文字」刻有282條法律條文，說明行政和司法的法則；顯示漢摩拉比王是一位公正賢明的統治者。

圖5：亞述古城。

圖6：《阿蘇巴尼帕騎士》，約668-630BC，
石膏大理石製品，高129 cm。

亞述帝國（1000-612BC）

美索不達米亞古文明的藝術有「一次元」的空間表現，亞述人（圖5）在阿蘇巴尼帕宮殿中，製作許多浮雕作品（圖6），在石板上使用「一次元」水平方式排列馬匹、戰士和戰車圖象，稱頌帝王軍事遠征的豐功偉業，也記錄一些狩獵的閒暇活動；「一次元」形成當時的主要表現方法，也是美術上第一次出現有意識性的空間。

藝術和建築是亞述軍事力量的重要宣傳工具。薩爾岡二世所建造的烏魯·夏魯欽宮殿，不但規模很大，也有很優秀的雕刻作品留世，宮殿的主要入口處，有著名的《有翼人面獸身的牡牛像》（圖7）。

圖7：《有翼人面獸身的牡牛像》。

新巴比倫王朝（612-539BC）

新巴比倫王朝到了尼布卡德尼薩二世時，除了努力擴張領土外，在都市的四周圍築有城牆和運河，並修築通往市外的城門，也整治市內的街道；而宮殿就設在城市的北方，宮殿中並建設了有世界七大奇景之稱的「空中花園」。「空中花園」也應算是一種塔廟（例如圖8），實際上是跨在一座穹頂建築上的多級平台，建築內有幾口水井，可把水抽到平台上，使花園裡的樹木花草枝葉繁茂，而且穹頂下有當庫房的冰室或

圖8：通天塔（塔廟）。

「冰箱」。據說「空中花園」是阿拉伯國王為取悅米底亞公主，為了供她休息娛樂而建造的。

新巴比倫王朝的建築物上有用來作為裝飾的雕刻，其中最有名的是位於城市北部靠近王宮的雕刻，象徵豐收女神的「伊希達門」（圖9）。這是在眾多巴比倫城門中唯一有兩道城牆的城門，門上的煉瓦裝飾是一大特色，以濃青色為主調，有著浮雕的牡牛等圖案和鮮豔醒目的色彩。每年新年節慶活動的遊行，必須經由「伊希達門」進城，代表豐收，因而有別於其他城門。

圖9：新巴比倫王朝的伊希達門。

波斯王國（539-331BC）

在波斯盛期大流士一世時，更是統治了埃及、美索不達美亞與東地中海。後來，大流士集中征服得到的各地資材，用來建造波斯城「貝魯聖波利斯」（圖10）。在「貝魯聖波利斯」，從大流士以後的歷代波斯帝王，都擁有知名建築，例如「百柱之屋」。

圖10：貝魯聖波利斯--波斯大流士王宮。

第三章 藝術的起源與人類的生活（三）

古文明藝術：古希臘

古希臘文明可分為四個時期，即史前時期（Prehistory period，約3000-1100 BC）、神話時期（mythology period，約1100 -500 BC）、古典時期（Classical period，約 500-429 BC）、希臘化時期（Hellenistic period，約330-30 BC）。神話時期是黑暗時期與古樸時期的合稱。

希臘人崇拜神祇，認為神的性格和凡人一樣，因此將諸神人格化，他們創造了宙斯、希拉、邱比特、維納斯、阿波羅等許多著名的神話故事，這些神話故事經常被當成藝術創作的題材，並對後來西方藝術的發展產生深遠的影響。

一、古希臘的建築

希臘有兩個神特別的重要，第一個是位於希臘西南部奧林匹亞（Olympia）的宙斯（Zeus）神，祂是諸神之父，很受到大家共同的尊敬。從西元前776年開始，每隔四年各城邦就在奧林匹亞舉辦一次競技大會。競技期間，城邦之間的各種紛爭必須暫時停止，轉而在競技場上一較高下，以換取來自於宙斯的榮耀。自此之後三個世紀，在奧林匹亞出現了一組建築，包括了體育場、寶庫、宙斯神廟與宙斯的妻子希拉（Hera）的神廟。

第二個重要的神則是在德耳菲（Delphi）地方的阿波羅神（Apollo），祂的神諭（oracle）對於希臘人有極大的影響。人們若能聽從祂的神諭，體會其中的忠告，都可平息很多紛爭；神諭也指引希臘人建立了許多殖民地，因此後來德耳菲出現了著名的阿波羅神廟組群。

當古希臘到了古樸時期，希臘文化就開始從黑暗時期中逐漸復甦。由於希臘人相信希臘神話中以宙斯為中心，居住在奧林匹斯山中的眾神是一群具有人格的神祇，需要建造建築物來保護祂們，於是選擇了麥錫尼文化所留下的方形屋子作為建築樣本；因此在神話時期，主要的建築都屬於神殿。

希臘並沒有像埃及沙漠那般廣闊的地區，也沒有高大山脈及廣暢河流，卻有一些山崖峽谷成為各個城邦之界，而一些可耕地則分散在這些山脊之間。就是在這種相當活潑的自然景觀中，希臘神廟平地而起，藉此表達和自然界相抗衡，這是希臘建築的中心思想。

神殿的基本結構包括了柱頂楣構（Entablature）、圓柱（Column）、柱基平台（Stylobate）三大部分；柱頂楣構又分為橫飾帶（Frieze）與楣樑（Architrave）兩部分；橫飾帶則有飛簷（Cornice）、三槽線飾帶（Triglyph）與排檔間飾（Metope）兩種高浮雕（High-relief）式的裝

飾。柱頂上的山形牆則有斜簷。（圖1）

　　古希臘的建築原來都是彩妝的，不過因為氣候因素，受到長期風化的結果，使得現存的建築遺跡，看來都只呈現石材的原色。下圖是多利克式神殿柱頂楣構上的彩色示意圖（圖2），約於西元前五世紀。

　　柱頂楣構以上的山形牆（pediment）（圖3）是古希臘建築特色之一，其作用係將屋頂之重量放於直立之石柱上。它的形狀是個等邊三角形，並且以下面的那條水平飛簷（Cornice），上面兩條傾斜簷口為框，中間部分多飾以浮雕。

　　希臘神殿的柱式（Order）是西洋古典建築的精髓之一。在西方古典建築中，所謂的柱式指的並不是特定柱子的特殊造型而已，而是一種兼具美學與構造的整體系統。就如同柱式的英文 Order 這字一樣，它也代表著建築中的一種秩序。

　　一般而言，一根柱子區分為柱頭（capital）、柱身（shaft）與柱基（base）三個部位。每一種柱式不僅有其特殊的形式與裝飾，柱子直徑亦為建構建築物的基本模距。整棟建築之柱高、柱距乃至於整棟建築的規模都與這個基本模距形成一定的比例。

　　古希臘人發明了多利克柱式（Doric Order）、愛奧尼亞柱式（Ionic Order）與科林斯柱式（Corinthian Order）三種基本柱式。在這之後，羅馬人又發展出托次坎柱式（Tuscan Order）、羅馬多利克柱式（Roman Doric Order）與羅馬複合柱式（Roman Composite Order）。

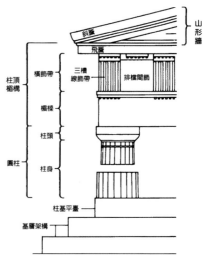

圖1：古希臘的建築--神殿的基本結構。

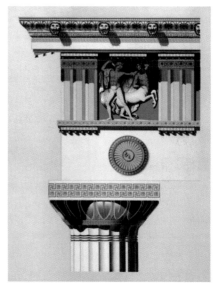

圖2：多利克式神殿柱頂楣構上的彩色示意圖，約於西元前五世紀。

圖3：山形牆。

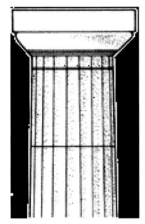
圖4：多利克柱式（Doric Order）。

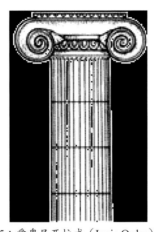
圖5：愛奧尼亞柱式（Ionic Order）。

圖6：科林斯柱式（Corinthian Order）。

　　文藝復興以後的建築師都根據這六種古典的柱式發展出各式各樣的新柱式，形成西方建築中最具特色之處。因此凡是柱子、門廊、門框、窗框、傢俱、燈具或是純裝飾，若運用這些柱式的設計，西洋味就自然顯露出來。

　　多利克柱式（Doric Order）（圖4）完成於西元前七世紀初葉，它的特色是堅固與結實，柱頭平滑樸素。這種柱子通常在希臘本土以及它在義大利南部的殖民地和西西里島流行。它的特點是形式極為樸素，裝飾很少，給人以莊重樸實的感覺。

　　愛奧尼亞柱式（Ionic Order）（圖5）完成於西元前七世紀後半，它比較細長高雅。它的柱頭有一對向下捲的卷渦，很明顯是從自然界的貝類，如鸚鵡螺得到靈感。這種柱子通常在希臘東部以及愛琴海中的島嶼流行。它的特點是造型勻稱，柱子排列較闊，裝飾較多，比較華麗，給人以優美典雅和活潑的感覺，表現愛奧尼亞人活潑自由的性格。

　　科林斯柱式（Corinthian Order）（圖6）完成於西元前四世紀末，它很少出現在希臘世界裡，倒是在羅馬神殿經常出現。它的柱頭非常華麗，圍繞植物葉叢組成雕刻裝飾。它的特點是細長、華美，裝飾風格強，給人以纖巧細膩的感覺，表現希臘化時期受到東方藝術影響的風格，充分顯示王者的尊嚴和奢侈慾望的滿足。其實這種柱式希臘人並不常用，倒是後來的羅馬人常引為用的一種柱式。

圖7：巴特農神殿，希臘雅典衛城。

　　建造於雅典衛城（Acropolis of Athens）上的巴特農神殿（Parthenon）（圖7）（約 447-432BC）是希臘本土最大的多利克式神殿。其周圍是由縱邊八根、橫邊十七根的列柱構成，整體比例在協調中帶有輕快的節奏感。巴特農神殿長約218英尺，寬約104英尺，石柱約為34英尺高。

　　多利克式的巴特農在希臘文意指「處女之所」，建築師為艾士提羅（Ictinos）與加利克提士（Callicrates），雕刻的主要設計者為菲狄亞斯（Phidias）。建造此神殿的目的是為供奉希臘女神雅典娜（Athena）。雅典娜是戰神，也是智慧之神、勝利女神，還是航海者與雅典的保護神。巴特農神殿的建造費用是由全雅典市民所捐獻。每四年舉行一次盛大祭祀儀式，慶祝雅典娜的誕生。

整個神殿分成兩大部分，即正殿及後室，兩者都沒有窗子。在正殿末端正中的位置，原來是一座由象牙與黃金製成，高約40呎的雅典娜立像，上面並有桅杆以象徵祂為航海者的保護神，但現在已經不存在了。後室部分稱為巴特農（神廟就是根據這個名稱命名），做為貯藏祭祀器皿的地方。神廟外部有很多雕刻，內部就沒有任何裝飾性的雕刻。

最早的愛奧尼亞式的神廟是阿特密斯神廟（Temple of Artemis）（560-550BC），列為世界七大奇觀之一，建於土耳其艾菲索斯（Ephesus）；阿特密斯（Artemis）是希臘文的狩獵之神，到了羅馬時代就稱為黛安納（Diana）。約西元前427年建造於雅典的雅典娜勝利女神神廟（Temple of Athena Nike）（圖8），是建築師卡利克拉特（Callicrates）的作品，也是著名的愛奧尼亞式的神廟。

圖8：雅典娜勝利女神神殿，希臘雅典衛城。

目前可以看到的科林斯式古希臘建築，首推位於雅典的奧林匹亞宙斯神殿（Temple of Zeus）（圖9）。在希臘化時期，這座神

圖9：宙斯神殿，希臘雅典衛城。

廟是希臘本土最大的建築物，也是希臘最古老的神殿。它開建於西元前515年，但直到西元129年才由崇尚希臘藝術的羅馬皇帝哈德良（Hadrian）興建完成，據說未毀壞前有104根壯觀的列柱。

前述三種古希臘建築柱式，不論是在西方或東方，至今仍然繼續被運用。美國國會大廈、台北市的國立臺灣博物館，以及新竹獅頭山在日據時代所建的佛教廟宇等，都能看到這些希臘式石柱。

二、古希臘的雕刻

希臘的雕刻和建築，是互為一體的，例如神廟建築上的山形牆雕刻或浮雕飾帶、墓碑上的浮雕等等。除了和建築相結合的雕刻之外，獨立性的雕像也很可觀，其創作泉源來自「人體美」，是歷史上裸體雕刻的創始。但由於年代久遠、歷經戰亂和人為的破壞，大部份原作已所剩無幾，因此現在我們對希臘雕刻風貌的了解，主要靠文獻上的記載和羅馬時代的仿製品而得知。

古希臘雕刻依其風格發展，可分為三個時期：古樸時期（Archaic period，約800-500BC）、古典時期（Classical period，約500-330BC）與希臘化時期（Hellenistic period，約330-30 BC）。

（一）古樸時期的雕刻

古樸時期的雕刻，大多是以年輕人作為雕刻題材的立像。當時人物雕像受了埃及雕像「正面性法則」影響，都呈直立狀，給人一種生硬樸拙的感覺。所謂「正面性法則」是以雕像的鼻尖和肚臍連成的線作左右對稱，不論坐姿、立姿都依照這原則。希臘這時期的男性雕像稱為Kouros，女性則為Kore，他們都展現拘謹的古樸式微笑。

在服飾觀點上，希臘人與埃及人不同，埃及雕像總是穿著衣服，希臘男人雕像總是不穿衣服的裸體，這是因為希臘人認為男人的身體是神聖的，眾神喜歡目視他們，在米洛島（Milos）出土有一尊《青年立像》（Kouros）（圖10）。

女性雕像卻穿著打褶的連身長衣，衣服上充滿色彩和裝飾，頭髮梳成兩條辮子，身體姿態也比男性雕像自然，有時還伸出一隻手，譬如在雅典衛城出土的《穿披肩的少女》（Peplos Kore）（圖11、12）。

西元前 460 年，有一件青銅雕刻《宙斯像》（Zeus，也有可能是海神 Poseidon）（圖13）。他的身軀比真人更為高大，呈現穩固平衡的運動姿勢。從他擲標槍的動作來看，雕像中蓄勢著待發的力量，眼前彷彿容不下任何事物。這種令人畏懼的氣勢，除了表現神的特質與運動家的精神之外，還呈現了寫實的特質。希臘雕刻在這時候逐漸由古樸時期進入古典時期。

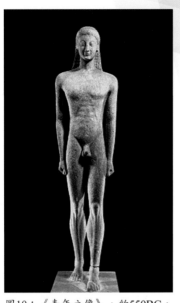

圖10：《青年立像》，約550BC，大理石，約214 cm高，希臘雅典國家考古博物館。

圖11：《穿披肩的少女》，約530BC，大理石，約122 cm高，希臘雅典衛城博物館。

圖12：《穿披肩的少女》，恢復原色後的複製品。

圖13：《宙斯像》，約西元前460 - 450年，青銅，約210 cm高，從鄰近希臘海岸的海底撈起，希臘雅典國家考古博物館。

（二）古典時期的雕刻

古典時期的雕刻擺脫了古樸時期生硬的風格，強調精確、均衡、安定等理性化的表現，呈現了具有寫實的生命力。當時藝術家的地位提昇了，藝術工作者也逐漸受到重視，並且能在作品上留有自己的名字，因此後人得以知道當時雕刻家的姓名。

西元前五世紀時，以銅與大理石為主要雕刻材料的雕像普見於公眾場所和神廟等地方；在題材方面，大多取自於神話故事。這時期最著名的雕刻家首推菲狄亞斯（Phidias，480 - 430 BC）。到了西元前四世紀，人像雕刻演變成更加柔美，而且富於表情，當時其他著名的雕刻家以米隆（Myron，472-440 BC）、波利克萊塔斯（Polyclitus.，450-420 BC）、普拉克希特利斯（Pra×iteles）為代表。

圖14：美國田納西州那希維爾的巴特農雅典娜（Athena Parthenos of Nashville），2002年，複製西元前447年之原來作品，複合材料，12.8公尺，美國那希維爾百年紀念公園。

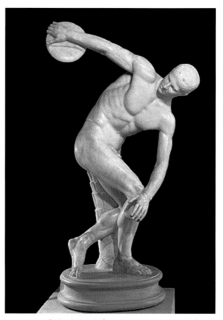

圖15：《擲鐵餅者》，約西元前450年，米隆作品，大理石，152 cm高，義大利羅馬國家博物館。

大約西元前437年，菲狄亞斯（Phidias）在宙斯神殿委員會的要求下遊歷至奧林匹亞（Olympia），在此雕刻出一件後來被稱為古代世界七大奇蹟之一的作品--《奧林匹亞宙斯像》（Zeus of Olympia）。在這之前，西元前 447 年，他已經用黃金和象牙為巴特農神殿創造了著名的《巴特農雅典娜》（Athena Parthenos）。菲狄亞斯被人稱為「神的雕刻家」。（圖14）

米隆（Myron）是一位能大膽進行藝術革新的雕刻家，勇於探索和表現新而又難的雕刻技法，力圖使和諧壯麗與逼真生動合二為一。他擅長以青銅為材料的雕塑，巧妙而準確地表現人體在運動中的正確姿態，塑成形神俱真的人物。這充分表現在他的《擲鐵餅者》（Discobolus）（圖15）中。具體呈現出最完美的人體造型和瞬間動態，因而將希臘雕刻帶入了古典風格的成熟期。

圖16：《持矛者》，羅馬時代複製品，原件約在西元前450 - 440年，波利克萊塔斯為原創作者，大理石，198 cm高，義大利那不勒斯國家考古博物館。

波利克萊塔斯（Polyclitus）一心追求人體最完美的表現法的理論，他認為人的頭與全身最均衡調和的比例應該是一比七，並歸納整理出了一本著作《規範》（Kanon），在這本書裡，他將理論加以具體化，表現了人體解剖學與人體美學的典型，由此可以看出希臘人注重理性的特質。著名的《持矛者》雕像（Doryphorus）（圖16），雕像的人體比例表現出十分完美，成為後人追求理想化人體比例的標準。波利克萊塔斯被稱為「人的雕刻家」。

（三）希臘化時期的雕刻

　　希臘化時期的雕刻留存於世的作品數量非常豐富，它們雖然繼續保有古典時期的傳統，注重寫實風格的人體，但也從古典時期的理性、優雅轉為表情豐富的感性。更由於重視人類個體追求現世的存在與價值，作品也十分注重人物內心的動靜與外在的表情，以反映對現實生活的關心與生命力。

圖17：《勞孔群像》，約西元前150年，大理石，240 cm高，梵諦崗博物館。

　　根據古羅馬作家老普林尼所稱《勞孔群像》（圖17）是由三位來自於羅德島（Rhodes）的雕刻家所創造的。表現了特洛伊祭司勞孔與他的兩個兒子被海蛇纏繞而死的情景。勞孔本為特洛伊城的祭司，因為不服從上帝的命令，警告特洛伊人小心希臘人別有陰謀的木馬，觸怒了阿波羅；阿波羅派出兩隻海蛇去尋找勞孔父子，並將其殺死。這座雕像將勞孔父子臉上痛苦的表情展現的極為逼真深刻，同時也將希臘雕刻家對人體美的理想主義展現無遺。圓形狀的構圖，在十六世紀至十七世紀的巴洛克時代中，普遍為畫家所使用。

圖18：《垂死的高盧人》，約西元前230-220年，大理石複製品，原作為青銅，93 cm高，出土於土耳其，義大利羅馬卡皮托利諾博物館。

　　另一件雕刻作品--《垂死的高盧人》（圖18）同樣用極為寫實手法；表現臨死的痛苦與絕望，是追求激情的視覺化之代表作，約於西元前230-220年的作品。

　　《米羅的維納斯》（圖19）約西元前150-100年的作品，在1820年發現於愛琴海的米洛島（Milos），她被譽為「希臘黃金時期的縮影」，是一具有官能美感的裸女雕像，她總結了古希臘所代表的一切。女神雕像雖然失去了雙臂，但保留了完整的頭部和面容，從頭、肩、腰、腿到足的曲線變化，使人體以無比聖潔的姿態展現在人們眼前，沉靜的表情裏有種坦蕩而自尊的神態。創造此雕像的藝術家充滿深情地表現了女性溫柔寧靜的美，被認為女性美的原型。此一女神像之特色為較小的頭部、窄肩、寬腰、豐臀。整個雕像姿態接近S形狀。對後代西洋婦女裸像的造型有甚大的影響。

圖19：《米羅的維納斯》，約西元前150-100年，大理石，208 cm高，法國巴黎羅浮宮。

圖20：《勝利女神像》，約西元前200-190年，大理石，328 cm高，法國巴黎羅浮宮。

　　《勝利女神像》（圖20），約西元前200-190年的作品，1863年在愛琴海薩莫色

雷斯島（Samothrace）發現。頭及雙臂已失，軀體基本完好。這尊雕像現在被放置在巴黎羅浮宮內一座船首形的基座上。女神挺胸展翼，似乎正吹起勝利的號角，圓潤結實的女性軀體，噴射出生命的光焰，充分表現出勝利者的雄姿與激情，表現了藝術家將他的作品與大自然融為一體的卓越構思，為希臘化時期雕刻藝術的一件傑作。

三、古希臘的瓶畫

古希臘的瓶畫包含黑繪式時期的瓶畫與紅繪式時期的瓶畫，分述如下。

（一）黑繪式時期的瓶畫

黑繪式風格（約700-500 BC）開始於古樸時期的西元前七世紀末。繪畫的方式是在自然的陶土上，用一種特別的黑色顏料描繪圖像，再刮出細長的輪廓線，燒過之後便會變得烏黑發亮，其餘部分則成為紅色。雅典是黑繪式時期希臘製陶工藝的發展中心。圖21畫面主題在描述兩位希臘勇士艾契列士（Achilles）與埃加士（Ajax）下棋之場景，其特色是表面光滑、人體皆為黑色、尖鼻大眼、布局均衡、人物的腳部都在同一半畫面上、沒有景深，但有幾何形圖案裝飾。

圖21：黑繪式時期的瓶畫，約西元前540年，艾色基亞斯（Exekias）之作品，赤陶，61 cm高，梵諦崗博物館。

（二）紅繪式時期的瓶畫

西元前六世紀中葉，紅繪式風格（約530-500 BC）逐漸取代黑繪風格，其特色是在黑色的背景呈現紅色的圖像畫。此時的輪廓線已不再使用硬的器具去刮刻，而改用毛筆，因此線條更為流暢。與黑繪式風格比較，紅繪式風格的人物之立足點已不在同一個水平線上，而係分布在不規則的層次上。重疊的人物造成一種遠近距離的感覺，而且具有不同的動作，頗具動感。對人體之處理方面，也較黑繪式風格更為活潑、寫實。在題材選擇方面，多為描寫日常生活的情形，內容因此豐富而且廣泛。

以《紅繪式聖餐杯》（Red-Figure Calyx Krater）（圖22）來看，畫面主題在描述特洛伊戰爭中的一段插曲，他可以運用色彩將倒地英雄頭髮的淡色調、睡神和死神翅膀上的細鱗，以及一隻男性手臂瘦長有力的線條，巧妙地敷上色彩而產生千變萬化的效果。

圖22：《紅繪式聖餐杯》，約西元前515年，尤夫羅尼奧斯（Euphronios）作畫，尤西特奧斯（Euxitheos）製陶，赤陶，46 cm高，美國紐約大都會博物館。

第四章 藝術的起源與人類的生活（四）

古文明藝術：古羅馬

古羅馬藝術是古希臘藝術的延續者，並反映出當時人類的生活。古羅馬文化有許多文獻資料保留下來，後人得以研究其豐富的歷史素材。早於西元前八世紀，伊突利亞人（拉丁族）在義大利半島中西部居住，並在泰伯河（River Tiber）下游建立了羅馬這個小城邦國家，它在地中海沿岸逐步發展起來，從西元前八世紀到西元476年，延展了長達近十三個世紀的歷史。

一、古羅馬的建築

建築是古羅馬藝術的首要重點，依照古羅馬政治組織情形，其建築的發展可分為三個時期：

（一）王政時期：（The Kingdom period，753BC-509BC）

在此時期，伊突利亞人是統治義大利的主要力量，羅馬逐漸發展出自己的文化。到了西元前509 年，伊突利亞的最後皇帝被推翻之後，羅馬完全獨立，並建立了一個實行自由民主、以法律為基礎的共和政體。伊突利亞人的建築在石工和結構方面有突出的成就，古羅馬人受到影響，王政時期與共和初期的建築就是在這個基礎上發展起來。

（二）共和時期：（The Republic period，509BC-27BC）

此時期在城市街道、公路、橋樑與輸水道方面進行大規模的建設，公共建築十分興盛，除了神廟之外，還有劇場、競技場、浴場等，並發展了圓形競技場。從古羅馬建築遺跡來看，古希臘在建築上的古典柱式與精益求精技藝強烈的影響了古羅馬。

（三）帝國時期：（The Empire period，27BC-476AD）

羅馬於西元前 27 年結束內戰，羅馬進入帝國時期，開始長達約兩百年的繁榮時期。當時的版圖（圖1）東起小亞細亞和敘利亞，西至西班牙和不列顛的廣闊地區；北面包括高盧（相當現在的法國、瑞士的大部分以及德國和比利時的一部分），南面包括埃及和北非。在此繁榮時期，帝國各地普遍進行重大建築，但最重要的仍集中在羅馬本城，有許多雄偉的凱旋門、紀功柱、以皇名命名的廣場、神廟等都陸續建造，而劇場、競技場與浴場等

圖1：羅馬帝國時期版圖。

都建造得更宏大富麗。古羅馬公共建築十分發達,初步建立了建築的科學理論,並成為文化藝術的代表性建築,對後世歐洲至全世界的建築,產生巨大影響。

從西元三世紀起,古羅馬帝國漸陷入混亂,建築方面也逐漸沒落。帝國首都東遷拜占庭,帝國分裂為東、西羅馬帝國,建築活動仍長期低迷,直至476年,西羅馬帝國滅亡。

古羅馬建築的特色:

拱門造型從古代近東便開始發展,在義大利很早就被伊突利亞人所運用,到了羅馬時代,羅馬人首次將它與標準的希臘石柱結合,成為羅馬建築的特色之一。羅馬的拱門是由一塊塊楔型拱石(voussoir)交相砌成,十分穩固;後來演變成筒型拱頂(barrel vault)及穹型拱頂(groin vault)。以下舉萬神殿(Pantheon)、圓形競技場(Colosseum)、君士坦丁凱旋門(Arch of Constantine)為例,說明羅馬建築的特色。

圖2:萬神殿。

(一)萬神殿

羅馬哈德里皇帝於西元120年修建萬神殿(35 - 120年)(圖2),萬神殿由兩部份組合而成,一為傳統的長方形門廊,門廊前有高大的花岡岩石柱矗立著,是典型的多柱式門廊;一為巨大的圓頂大廳。門廊的長方形與大廳拱頂的圓形形成鮮明的對比,人們先穿過凝重的方形結構,再進入無限的渾圓天體中。內部空間加上半球型拱頂,組成大廳,大廳總高為43.2公尺,與拱頂的直徑相同;內殿周圍則有代表行星系裡的七個神的壁龕。

圓頂中央有直徑九公尺的圓形天窗(圖3),光柱從圓頂上的圓窗投射下來。壁面及石柱皆為大理石,有帶藍、紫紋路的白色大理石,也有橘黃色的大理石,還有斑岩等,在大廳圓頂投射進來的陽光照耀之下,流露各種色彩,景象生動。

圖3:萬神殿。

(二)圓形競技場

羅馬圓形競技場(西元72年)(圖4)歷經三個皇帝才建造完成,它是古羅馬文化中

圖4:圓形競技場。

建築與威權的表徵。圓形競技場是座橢圓形的建築，可容納五萬名觀眾，在競技場常舉辦競技比賽或戲劇表演等活動，觀眾由地面樓層的拱門進場入座參觀。其樓高四層，下面的三層都有拱廊環圍，每一層由不同的圓柱形式的拱門所支撐，第一層是多利克柱式，第二層是愛奧尼亞柱式，第三層是科林斯柱式，最頂端第四層則是科林斯半露柱壁。從競技場頂端可伸展出大型的遮蓬，做為遮陽或擋雨用。

圖5：君士坦丁凱旋門。

（三）君士坦丁凱旋門

君士坦丁凱旋門（西元313年）（圖5）在圓形競技場附近，是羅馬城現存三座凱旋門中年代最晚的一座。它是為慶祝君士坦丁大帝於西元312年徹底戰勝他的勁敵馬克森提，並統一帝國而建造的。它是一座由三個拱門構成的凱旋門，高21公尺，面闊25.7公尺，進深7.4公尺，由於調整了高與闊的比例，因此橫跨矗立在道路的中央，形體顯得特別雄大。

圖6：君士坦丁凱旋門。

君士坦丁凱旋門的裡外都充滿各種浮雕（圖6），其中大部分構件是從過去的一些紀念性建築拆除下來拼造而成的，例如有圖拉真廣場（Forum of Trajan）建築上的橫飾帶、哈德良廣場（Hadrian's Forum）上一系列盾形浮雕，還有馬克·奧爾略皇帝（Marcus Aurelius）紀念碑上的八塊鑲板。因此它保存了羅馬帝國各個重要時期的雕刻，成為一部真實生動的羅馬雕刻史。

二、古羅馬的雕刻

羅馬肖像雕刻是十分具有寫實性的，當時古羅馬貴族在親人去世後，其風俗是把逝者的面貌用蠟翻製成面模，做成的蠟像平時置於其家中的祭堂裡，遇重要慶典或舉行宗教儀式時，就將蠟像請出由家人捧奉著參加這些活動。

進入帝國時期，即奧古斯都皇帝（Augustus，23BC-17AD在位）時代，肖像雕刻達至巔峰，尤其是帝王雕像的製作，根據本人面貌而塑造，既精美，更將整個神態姿勢塑造成神一般，此種皇帝神化的雕像與場面恢宏的浮雕合併稱為「奧古斯都風格」。西元前20年《奧古斯都雕像》（圖7），胸甲上裝飾許多充滿寓意性的浮雕，他手執權杖，象

圖7：《奧古斯都雕像》，西元前20年，大理石，200 cm高，梵諦岡博物館。

徵權勢與指揮軍隊征服四方；右腳邊有一位小愛神，凸顯皇帝的高大和威嚴。

羅馬帝國皇帝圖雷真（Trajan）所立的圖雷真凱旋柱（圖8），位於羅馬奎利那爾山（Quirinal Hill）邊的圖雷真廣場（Trajan's Forum）上，為紀念西元101年對達契亞人（Dacians）的戰爭獲得勝利。此柱由大馬士革建築師阿波羅多倫斯（Apollodorus of Damascus）建造，落成於西元113年，總高38公尺。圖雷真凱旋柱以柱身精美浮雕而聞名於世，周邊裝飾有螺旋形浮雕帶（圖9），內容包含軍隊出征前的宗教儀式、皇帝的訓

圖8：圖雷真凱旋柱。　　圖9：圖雷真凱旋柱。

示，軍隊的作戰……，直到圖雷真凱旋歸返，幾乎所有戰爭中的重要情節都被雕刻出來，尤其在刻劃人物容貌、民族特點和服飾打扮等方面，都有很強烈的歷史真實性，因而此柱亦成深具歷史文獻價值的藝術品。

三、古羅馬的繪畫

西元79年維蘇威火山爆發，義大利古城龐貝（Pompeii）以及鄰近幾個城鎮都被熔漿覆蓋住了，直到十八世紀，考古學家才陸續把它們挖掘出來，並發現當時在建築裡的許多壁畫被保存下來。因此古羅馬的繪畫就根據這些壁畫遺跡做研究，稱其為龐貝風格（Pompeian Styles），並分成四種風格。

龐貝第一種風格稱磚石結構式（Masonry Style），普遍流行於西元前二世紀羅馬帝國時期的地中海世界。當時壁畫盛行於公共建築與民居建築，色彩面貌是利用不同顏色和不同品質的大理石壁畫形式來表現。

龐貝第二種風格稱建築結構式（Architectural Style），形成於西元前80年。它的根源，一是從希臘化時期羅馬戲劇演出中，模擬真實場景的舞台佈景；二是在西元前二世紀到西元前一世紀之間的一種浮華的建築式樣，龐貝市郊的別墅秘儀莊（Villa of Mysteries），就以一個帶壁龕圖案的基座而顯得氣勢不凡，莊名來自一幅大型畫《酒神節的神秘膜拜儀式》（Dionysiac Mystery Cult）（圖10），畫中人物一如真人般大小，描繪一位少女正在接受神祕的戴奧尼索斯教的啟蒙儀式。

圖10：《酒神節的神秘膜拜儀式》。

圖11：龐貝第四種風格，62-68年，義大利龐貝維提之屋。

龐貝第三種風格稱為裝璜式（Ornamental Style），與浮華的第二風格相反，它遵循奧古斯都時期古典式學院風格，有裝飾式樣。主要是用單色水平和垂直的線條畫出精緻的建築裝飾圖框，將每一片牆面分成三個圖框，每個圖框中央畫一幅畫。這些畫大多為神話、宗教或田園題材的風景和人物。

龐貝第四種風格稱複雜式（Intricate Style）（圖11）流行於克勞地亞斯皇帝（Claudius）和尼祿皇帝（Nero）時代，具有多種裝飾類型，表現羅馬藝術的廣泛性；用色鮮明，加上光影技法表現，使得色彩的對比充滿活力。另一特色是畫上舞台佈景，並且上演一齣戲劇；同時也出現日常生活和神話相關題材，如對流浪漢的描寫，還有對神話和神明的嘲諷。

四、早期基督教藝術

圖12：東、西羅馬帝國。

「早期基督教藝術」是指從基督教誕生到西元五世紀後半所產生涵蓋整個東羅馬帝國與西羅馬帝國的基督教藝術。直到西元313年，君士坦丁大帝（Constantine I，西元306-337年）頒布《米蘭詔書》（Edict of Milan），實行宗教信仰自由，基督教成為羅馬的國教，於是基督教開始與羅馬帝國政權結合，並徹底影響了之後歐洲文化的發展。

圖13：墓窖，二世紀，義大利羅馬聖卡利斯都。

君士坦丁大帝在西元330年為保護帝國的安全，把首都從羅馬東移到拜占庭，並改其名為君士坦丁堡，也就是現今土耳其的伊斯坦堡。西元395年，羅馬的基督教帝國分裂成西羅馬帝國與東羅馬帝國（圖12）。西羅馬帝國以拉芬納（Ravenna）為首都，與東羅馬帝國呈現分裂的狀態，並屢遭北方野蠻部落的侵略，民不聊生，到了西元476年便徹底滅亡了。而東羅馬帝國在查士丁尼一世（Justinian I，西元527-556 年）的統治下，發展成一強大的以基督教為精神力量的拜占庭帝國。

早期基督教的藝術可見於修道院中，愛爾蘭是首先設立修道院的地方，在修道院產生了許多手抄本彩飾畫，都製作得十分豪華，成為中世紀工藝、繪畫的重要生產模式。

此時期藝術以墓窖（Catacomb）（圖13）壁畫最具特色，這些壁畫是人類繪畫的遺產，也是當時基督教徒在羅馬地下傳教

的歷史見證。從西元二世紀到四世紀這段期間，羅馬皇帝視基督教為非法宗教，許多基督教徒被迫逃往國外，有一些留在羅馬的基督徒則往地下挖掘隧道和墓窖，以當傳教的場所，也是逝去、殉難教徒的墓穴。為了祈求上帝保佑基督徒的安全，在墓窖內外畫滿相關的壁畫。（圖14）

五、拜占庭藝術

　　拜占庭時代是指從西元330年君士坦丁大帝將羅馬帝國首都從羅馬東遷到君士坦丁堡（Constantinople）開始，一直到1453年奧圖曼（Ottoman）帝國將拜占庭帝國滅亡為止。

　　拜占庭藝術的特點是承續早期基督教藝術的風格，內容受到宗教的限制，大都描述聖經的故事或基督的神蹟，具裝飾、抒情與象徵性，其藝術是為了榮耀基督，散佈在各地的教堂，教堂成為當時藝術家創作的主要場所。與古希臘與古羅馬藝術比較，顯現拜占庭藝術所強調的是對耶穌神性的描繪，而不是對人性的著墨。鑲嵌畫是拜占庭藝術的一大成就，它是將彩色石子敲打成小碎塊，再嵌入膠泥板中，甚至用金、銀板，使色彩更閃亮並具神秘感，它的題材以傳達基督教精神為主，它是拜占庭帝國勢力擴及各地的獨特藝術，因而鑲嵌畫成為中世紀歐洲藝術的代表風貌。

　　聖索菲亞大教堂（Hagia Sophia）（圖15）是一座圓頂式長方形的建築，圓頂除了象徵天國之外，還有護蓋聖潔處所的意涵，圓頂位於整個建築的最中心及最重要位置，很明顯受到古羅馬萬神殿的影響。

　　聖維托教堂（圖16）是一座將圓拱頂置於八角形結構上面的建築，它的設計理念是來自羅馬的聖科斯坦薩（S. Costanza）陵墓。聖維托教堂內有鑲嵌畫，在一幅《查士丁尼大帝與他的部屬》（Emperor Justinian and His Attendants）（圖17）的鑲嵌畫中，可看到一個所謂理想式的人像造型，人像都挺直的站著不動，身體修長，尖小的臉龐配著一雙大眼睛，似乎在暗示一種永恆的存在。

圖14：聖彼得與聖馬賽林努斯墓窖，四世紀，義大利羅馬。

圖15：聖索菲亞大教堂，532-537年，土耳其伊士坦堡。

圖16：聖維托教堂，526-547年，義大利拉芬納。

圖17：《查士丁尼大帝與他的部屬》，聖維托教堂內的鑲嵌畫。

六、羅馬式藝術

羅馬式藝術（Romanesque Art）此名詞是在十九世紀初期由藝術史家所界定的。正當拜占庭藝術遍及歐洲各地時，另一種藝術在西歐逐漸形成，並延續到十二世紀。

圖18：聖喬凡尼洗禮堂，十二世紀，仿羅馬式建築，義大利佛羅倫斯。

圖19：比薩斜塔，1063-1272年，仿羅馬式建築，義大利比薩。

此時期的建築與古羅馬建築相近，因而藝術史家便以「羅馬式藝術」來形容十一世紀後半到十二世紀的建築，之後加以擴張，用來涵蓋西元1050-1200年間的西歐文化與藝術。羅馬式藝術綜合了各種藝術風格，如近東、羅馬、拜占庭等藝術，並非完全是古羅馬藝術的復甦；它也被認為是歌德式藝術的前身。

羅馬式藝術以建築為主，外型厚重，並以圓拱形為基本設計，基本上延續了古羅馬時代的形式與風格。最重要的特徵是教堂內部拱頂的結構，以桶形拱頂（barrel vault）及交叉拱頂（groin vault）為結構，形成新的建築景觀；以及教堂的平面設計，羅馬式建築的教堂多呈「拉丁十字架」（Latin cross）的形狀，與早期拜占庭式的建築很不一樣。

它採用早期基督教長方形會堂（basilica）式的設計，但屋頂天花板並非木造的，而是使用厚重的石材建造，此與羅馬時期使用磚塊又有所不同。由於教堂中殿是圓拱頂，為了支撐圓拱頂的石材重量，必須將壁體加厚，因此建築中少有窗戶或開口處，主要就是為能支撐石造天井的重量。

位於佛羅倫斯百花聖母教堂（Santo Maria del Fiore）對面的聖喬凡尼洗禮堂（Baptistery of San Giovanni）（圖18），是義大利最傑出的仿羅馬式建築，設計手法簡單而古典，外型有八角形的屋頂，八角形的每一立面牆分成三個拱型，在東、南、北面各設有一個入口，至於在西面則建有橢圓形的聖堂。這棟建築的特色是以大理石切割成幾何形狀來裝飾外牆，這些簡單的橢圓形不僅勾劃出門、窗和牆面，同時也強調了建築的結構線條。

仿羅馬式建築最具代表性的是比薩（Pisa）斜塔（圖19）、主教堂（圖20）與洗禮堂（圖21），這幾棟建築厚重的壁體與結實的穹窿，充分表現了古羅馬式建築的古拙樣式。

圖20：比薩主教堂。

圖21：比薩洗禮堂。

七、哥德式藝術

　　法國是羅馬式藝術風格最盛行的地區，也是哥德式藝術風格的發源地。「歌德」（Gothic）的本意是「未開化的」、「蠻族的」，十六世紀的學者為區分是和古希臘、羅馬不同的文化而產生此名詞，並代表文藝復興之前非義大利式的風格。

　　到了十二世紀，在法國逐漸發展成「哥德式藝術」（Gothic art），十三世紀哥德式風格，更從法國北部散播至中歐與西歐，擴展至全歐洲，一直延續到十五世紀。「哥德式」這個名詞原指建築的風格，後來才延伸到同一時期的雕刻與繪畫上；從 1100年到1300年之間是哥德式教堂的盛期，以致於建築藝術成為這時期的唯一時代風格。但在歐洲有些地區，羅馬式藝術不只延續到十三世紀，甚至還到十五世紀。

　　十二世紀初，巴黎近郊的聖德尼修道院（Abbey Church of Saint-Denis）（圖22）的院長蘇傑（Abbot Suger）長老，從教堂寶庫中的閃爍珠寶與當時廣泛被使用的彩色玻璃得到靈感，他認為藉著注視華麗的物象，或能將一般人的精神提升到更能完全注視上帝的國度；他的這種觀點，後來將低矮、黑暗、厚重、照明不清的羅馬式教堂徹底的改變。從1140年到1144年，蘇傑長老在聖德尼修道院運用尖拱（pointed arch）與肋形拱頂（拱肋）（vault rib）的建築技術，建造了半圓迴廊（Ambulatory），在當時是一種新的建築設計，具有原創性，因此聖德尼修道院的半圓迴廊成為哥德式風格建築的發源地。

　　哥德式建築在結構上有三項特徵：尖拱、肋形拱頂（拱肋）和飛拱（飛扶壁）（flying buttress）。加上彩色玻璃窗戶（彩繪玻璃）。將以往羅馬式建築的厚重、結實風格，轉變為強調垂直向上、輕盈修長的獨特形式。（圖23）

圖22：聖德尼修道院，1140-1144年，蘇傑長老改建，法國巴黎。

圖23：聖德尼修道院。

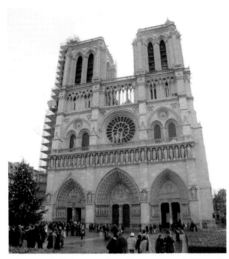

圖24：建築師Maurice de Sully，巴黎聖母院，1163-1250年。

圖25：巴黎聖母院側面。

　　巴黎聖母院（圖24、25）是一座典型的歌德式教堂，它聞名於世，是歐洲建築史上一個劃時代的標誌。聖母院的風格獨特，結構嚴謹，十分雄偉莊嚴。

　　哥德式時期的石造建築技術十分發達，並將很多象徵聖像的圖案融入教堂設計，象徵意義體系已漸完備，因此哥德式大教堂又被稱為「石造的聖經」或「石造的百科全書」。

　　位於巴黎西南郊的夏特大教堂（Chartres Cathedral）（圖26）是一座哥德式的經典建築，它在1145年開始建造時是屬於早期哥德式。1194年它被大火燒毀，但是屬於聖母馬利亞的聖衣卻完好如初，此現象感動當地居民，於是歷經二十六年再把教堂重新建立起來，成為盛期哥德式建築的另一典範。大教堂高聳的兩座鐘塔，建造年代相差將近三百年，在高度和形式上都形成有趣的對比。從大教堂的興建過程來看，可發現隨著建築技巧的進步，使它呈現不同的哥德式風格和變化。大教堂半圓迴廊邊雕刻（圖27）是屬1170年早期哥德式雕刻，當時的雕刻家已經不再以人像畫為臨摹對象，而改以真人來當模特兒，形象更為生動。

圖26：夏特大教堂，1194-1260年，法國

圖27：夏特大教堂雕刻，1170年，早期哥德式雕刻：半圓迴廊邊雕刻。

圖28：玫瑰花窗，1220-1225年，巴黎聖母院。

圖29：高窗上彩繪玻璃窗，1194-1260年，夏特大教堂。

圖30：地面樓層彩繪玻璃窗，1194-1260年，夏特大教堂。

　　哥德式平面藝術最特別的是大教堂的鑲嵌玻璃窗（stained glass window），既具有裝飾作用，又有抽象意義，更因能散發繽紛光線，使教堂更加顯得壯麗神秘。在哥德式教堂內部的彩色玻璃可分三類：第一類是位在進門口上部的玫瑰花窗，經常以複雜的圓形構圖加以裝飾，如巴黎聖母院南面進門口上面的玫瑰花窗（rose window）（圖28）。第二類是位在教堂上方高處，以聖母或使徒等人的大型獨身像為圖像的彩繪玻璃窗，如夏特大教堂北面進口上面的高窗（圖29）。第三類是位在地面樓層牆壁上的彩色玻璃，多飾以聖經故事為題材的圖像，如夏特大教堂的地面樓層彩繪玻璃窗（圖30）。

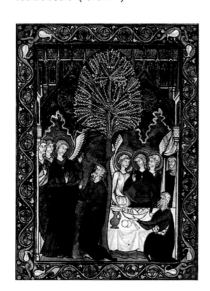

　　彩繪手抄本插畫，在個人用的聖經、詩篇集以及教會使用的聖經裡都能看到，手抄本插畫是畫在羊皮紙手寫書稿上的畫，這類繪畫與哥德式教堂的興建與裝飾工程有密切的關係，並與當時所有的視覺藝術同被稱為哥德式藝術。例如：手抄本插畫：〈亞伯拉罕、莎拉與三位陌生人〉（Page with Abraham，Sarah，and the Three strangers）（圖31）。

圖31：手抄本插畫〈亞伯拉罕、莎拉與三位陌生人〉，1253-1270年，插畫，羊皮紙，13.6×8.7 cm，法國巴黎國家圖書館。

第五章 當藝術與生活相遇——

藝術的意涵
文藝復興時期的藝術與人文

藝術的意涵

藝術是什麼？東西方對於「藝術」一詞的來源和演變有所解說。在春秋戰國時期，有「六藝」之說，「六藝」指的是「禮、樂、射、御、書、數」六項。「藝」指的是與農業有關的活動或技術，但這與現今所提到的「藝術」（Art）是有些不一樣的。藝術「Art」的英文源自於古希臘的拉丁文「Ars」，原本的涵義與「技術」有關，它泛指人們經長期訓練後而掌握的某種技巧，而擁有這些純熟技術的人就可稱為「藝術家」；因此，在早期許多和生產和製造有關的「技術」活動，都可以稱之為「藝術」活動。

古希臘時期就曾將藝術活動分為：「通俗藝術（Vulgars Arts）」：「通俗」指的是技術性較高的勞力活動，如耕作、織衣、釀酒和製陶等。「自由藝術（Liberal Arts）」：「自由」指的是涉及心靈層次較高的理性思維活動，如文學、音樂、天文科學等。

美國學院辭典對藝術定義是：「藝術是美的、令人心動的、具不平凡意義的表現、產物與品質。藝術品是觀念和經驗的美感表現，透過人類的技術，用素材表現出一定的形式。當那些素材或媒介物在我們的生活中提供理解和樂趣時，我們便能經驗到藝術品了」。

哲學家對於藝術有各種的見解，俄國的哲學家兼文學家托爾斯泰（Leo Tolstoy）認為：「藝術是一種人的活動。一個人有意識的藉由某種外在符號（External Signs），將他所親身經歷的情感傳達給別人，使他人受到感染，並且也經驗到這些情感。」他也說：「藝術是感情移情的傳達方法，喚醒了人們可以經驗的感情，為了轉述相同的情感，便用線條、色彩、音樂或文字等形式，這便是藝術活動。」柏拉圖、亞里斯多德說：「藝術即模仿」。黑格爾提出：「藝術是理念的感性顯現」。克羅齊認為：「藝術即直覺」。杜威則說：「藝術即經驗」。

據以上對藝術的各種看法，我們可以給予「藝術」一個較明確的定義：藝術是一種人為的美感活動，包含靜態和動態，可運用各種技術和素材，以特定形式表現出來，它能夠傳達作者的觀念、經歷和感情，具有象徵和審美的意涵，並能夠感動他人，使他人產生共鳴。

到了現代藝術,當一九一七年,杜象把尿盆搬到美術館而成為《噴泉》的作品時,那些曾是生活中的日常用品,失去它原有的實用功能後,就有可能被擺在博物館內被稱之為「藝術品」。假使你曾經歷過一些生命中、生活中使你感動的事物,並且願意把這些經驗分享給其他人,那麼你就是藝術家了。

文藝復興時期的藝術與人文

文藝復興開始於十五世紀初期,早期藝術中心在義大利佛羅倫斯,人們從中世紀的封建主義覺醒及從教會的枷鎖掙脫,重新體認人性的價值,重視個人能力、存在和知性,而發現更多未知的事物,包括「人的再發現」與「世界的發現」,此種新精神即「人文主義」。文藝復興一方面發揚古典藝術,讓古代的希臘羅馬藝術獲得再生;一方面是對中世紀藝術的反動,開始關心現世的生活,不再屈服於宗教和權威。文藝復興產生的是一種新的文化與新的生活。

文藝復興時期的三個時期與中心,早期中心於弗羅倫斯,代表畫家是馬薩齊奧、烏切羅、波提切利等,藝術特色是發展出完美的透視法和明暗對照法。波提切利(Sandro Botticelli,1445-1510)擅長取材自希臘羅馬神話,作品如《維納斯的誕生》(圖1)、《春》、《雅典娜和半人馬》。

到十六世紀,鼎盛時期中心轉移至羅馬,有三位重要的藝術家從弗羅倫斯到此,他們是達文西(Leonardo da Vinci,1452-1519)、米開朗基羅(Michelangelo,1475-1564)和拉斐爾(Raphael,1483-1520),被稱為「文藝復興三傑」。繪畫主題包含宗教畫和古代希臘羅馬神話故事,肖像畫也開始發展;都反映出當時的社會風俗和真實人生。

北部中心在威尼斯,十五世紀此地最重要畫家是貝利尼(Giovanni Bellini,1430-1516年),他是第一位在帆布上畫油彩的人,他有位傑出的學生提香(Tiziano Vecelli,1488或1490-1576),

圖1:波提切利,《維納斯的誕生》,1485年,蛋彩・畫布,172.5×275.5 cm,義大利佛羅倫斯烏菲茲美術館。

圖2：提香，《烏比諾的維納斯》，1538年，油彩・畫布，119×165 cm，義大利佛羅倫斯烏菲茲美術館。

圖3：達文西，《岩石間的聖母》，1483-1486年，油彩・畫布，198×123 cm，法國巴黎羅浮宮博物館。

成為威尼斯派的最重要畫家，繪畫特點是色彩豐富和光線明亮，常常以紅色為底色，再塗上多層薄薄透明的其他顏色，形成「提香紅」，代表作如《烏比諾的維納斯》（圖2）、《花神弗洛拉》。

一、達文西

1452年達文西出生於佛羅倫斯附近的文西鎮，傳說在幫老師維洛及歐畫「基督受洗圖」左下角的側面天使時，即展現繪畫才能。達文西富多元智慧，精通解剖學、生物學、數學、物理、力學、地質、天文、繪畫、音樂、建築等，作品如《岩石間的聖母》（圖3）、《蒙娜麗莎》（圖4）等。他的繪畫表現方法也就是文藝復興時期的特色，包含：1.明暗法(Chiaroscuro)．：包容從暗到明的整個色域2.大氣透視法：繪畫的空間似乎充斥著光線和大氣；且物體愈遠輪廓愈模糊。3.構圖：以中心點放射出來或繞著一個內軸旋轉的形勢。4.素描：反映出描繪和捕捉種種表情的能力。

圖4：達文西，《蒙娜麗莎》，1503-06年，油彩・畫板，77×53 cm，法國巴黎羅浮宮博物館。

十五世紀佛羅倫斯的父權社會，這是前七十五年裡側面女性人像出現的因素；到十五世紀末，側面畫像便式微了，取代的是四分之三正面角度的女子畫像，達文西是最早如此創作的畫家，《蒙娜麗莎》即其中一幅代表畫作。達文西的女性畫像在父權社會中，被看成是異類，由於他推崇在政治、社會上沒有權力的女性，認為在生物學上女性和男性是平等的，她是自然界的動態角色，是世界的內在力量，因此，女性是理性的、優越的。

　　達文西以《蒙娜麗莎》（Mona Lisa，1503-1506年，木版，油畫，77×53公分，巴黎，羅浮宮美術館）這幅肖像畫為人稱頌，據說二十四歲的蒙娜麗莎是佛羅倫斯富商吉奧孔達的第三任妻子。畫中瀰漫幽雅寧靜的氣氛，採用「大氣透視法」，沒有銳利的形狀、光線，在微霧迷濛中，背景隱約可見大自然景致、岩石皴法和水紋，襯托著蒙娜麗莎端莊美麗的風韻，她的微笑一直是難解的「女性之謎」，有人猜測蒙娜麗莎因懷孕而露出充滿母性光輝的微笑。從繪畫構圖、人物姿態及似與觀眾做無聲交談的眼神，可感覺女性內在靈魂和情感溢於畫面，使整幅畫作富柔性的魅力。

　　《蒙娜麗莎》的微笑可在達文西的任何畫作中發現，彷彿一朵在幽靜中默默綻開的花。在達文西的各家傳記中，心理學家佛洛依德（Sigmund Freud 1856-1939）發覺《蒙娜麗莎》的微笑所呈現的表情既神祕又帶著一絲邪惡，他認為可能是這抹微笑喚起了某種長期以來沈睡在畫家心底的東西，而再現藏在記憶裡的母親卡蒂麗娜的笑容。也有人解釋為自戀的達文西畫的是自己的笑容。達文西在五十歲前過著完全禁慾的生活，他把原慾的衝動完全昇華到科學和藝術的領域，然而在五十歲後，深層的潛意識浮現，於是創作了《蒙娜麗莎》。佛洛依德認定達文西是一位同性戀者，因為忠於對母親的愛，所以抑制對女性的情慾，並把「戀母情結」轉向求知和創作上。

二、米開朗基羅

　　米開朗基羅是文藝復興時代一位典型的人文主義者，他集雕塑家、詩人、畫家、建築家等身分於一身，雕塑如：《大衛像》、《聖殤》；繪畫如《創世紀》系列與《最後審判》，位於梵蒂岡西斯汀教堂，前者是天花板的濕壁畫，後者是大壁畫。

　　米開朗基羅出生於1475年，在卡布里斯的地方出生，他的家族有幾世代在佛羅倫斯經營小規模的銀行，但他的父親並沒有成功的持續下去，轉而任職臨時政職。他支持佛羅倫斯走向市民社會，但他的藝術支持者卻是破壞市民社會的教皇。他受薩佛納羅拉（典型清教徒思想）的信仰影響，卻有藝術家熱愛生命和自由的信念。他愛佛羅倫斯，但他最重要的藝術作品，卻都出自於羅馬。米開朗基羅一生悲壯，他被工作的龐大責任感壓迫，雖從藝術作品得到財富和聲譽，但卻生活在淒涼黑暗的空間，且不曾得到女性愛情的滋潤。他是文藝復興三巨匠中最長壽的藝術家，享年89歲。

　　米開朗基羅在羅馬雕刻的《聖殤圖》（1498-1501年）（圖5）使他一舉成名，聖母的神態在哀傷中蘊含著靜謐和莊嚴，當人家質疑聖母過於年輕時，他回答：「貞潔的婦女會比較容易保持青春。」由此可知人文主義精神與清教徒的信仰同時存在於米開朗基羅的內心世界，造成他心靈的矛盾衝突。

圖5：米開朗基羅，《聖殤圖》，1498-1501年，雕刻。

圖6：米開朗基羅，《大衛像》，
1501-1504年，雕刻，義大利佛羅
倫斯。

圖7：米開朗基羅，《創世紀》〈原罪與逐出樂園〉，1508-1512年，濕壁畫，梵蒂岡
西斯汀教堂。

　　《大衛像》（1501-1504年）（圖6）塑於佛羅倫斯，塑材原本是塊奇形怪狀、被人棄置的大理石，米開朗基羅巧奪天工的把它雕刻成《大衛像》。米開朗基羅用大衛戰勝巨人哥利亞的聖經故事，暗喻動盪不安的佛羅倫斯面臨外來強敵（神聖聯盟與麥第奇家族）窺伺，但最終一定會是市民勝利；因此大衛像充滿人文主義的精神，代表奮發向上以及與命運搏鬥的激昂壯志。

　　梵蒂岡博物館西斯汀教堂天花板濕壁畫：創世紀系列（1508-1512年），同樣是在宗教畫中暗示人文主義的精神，內容包含〈原罪與逐出樂園〉（圖7）、〈利比亞女先知〉（圖8）、〈創造亞當〉（圖9）等。整個繪畫過程就是一場戰鬥，米開朗基羅說：「我是被迫的，我的藝術是在敵視的環境中成長的。」在競爭激烈的時代，連欣賞他才華的教皇朱力阿斯二世，也跟他個性水火不容，米開朗基羅傲慢倔強的藝術家個性，造成他四面受敵的窘境。

圖8：米開朗基羅，《創世紀》〈利比亞
女先知〉，1508-1512年，濕壁畫，梵蒂岡
西斯汀教堂。

圖9：米開朗基羅，《創世紀》〈創造亞當〉，1508-1512年，濕壁畫，梵蒂
岡西斯汀教堂。

米開朗基羅透過《創世紀》表現人類的開端和命運，這些裸體畫不是追求希臘式靜謐思想，也不是愛的福音，而是控訴上帝宣告毀滅的命運。首先他繪出上帝創造天地的全能與威嚴，但創造亞當時，上帝與亞當的手指若即若離，已暗示人類未來的命運。

米開朗基羅晚期回羅馬繪製的《最後審判》（1534-1541年）（圖10）再現人文主義精神與清教徒信仰之間的衝突美感，但過去清晰穩定均衡的構圖，已被激烈的動勢所取代。

三、拉斐爾

拉斐爾於1483年誕生在圭多巴爾多，是世界藝術史上最偉大的畫家之一，他綜合達文西的優雅細膩、米開朗基羅的雄偉壯麗，從兩位大師優點，粹鍊出屬於個人風格的特點：「完美的和諧」，結晶成澹雅

圖10：米開朗基羅，《最後審判》，1534-1541年，濕壁畫，梵蒂岡西斯汀教堂。

的古典、超塵的通俗，也成為巴洛克的先驅，被稱為「聖母畫家」或「女性美的畫家」，加上千變萬化的人體群像，這些都構成拉斐爾創作的主要藝術題材。代表作如：《帶金鶯的聖母》（圖11）、《雅典學派》、《嘉拉提亞的凱旋》（圖12）等。

圖11：拉斐爾，《帶金鶯的聖母》，1507年，油彩·木板，107×77 cm，義大利佛羅倫斯烏菲茲美術館。

圖12：《嘉拉提亞的凱旋》，1511年，濕壁畫，295×225 cm，義大利羅馬法列及那宮。

　　拉斐爾受布拉曼帖的推薦，被教皇朱力斯二世徵召，在1508年到了羅馬，教皇首次見到拉斐爾，即感嘆的說：「拉斐爾簡直就是天真純潔的天使。」才25歲的拉斐爾順利的躋身於名家之列。當時米開朗基羅和拉斐爾同樣受到朱力斯二世的恩寵，因米開朗基羅個性固執頑強，而拉斐爾性情溫柔平和，因此拉斐爾在工作上得以平步青雲。教皇將梵諦岡許多房廳已做好的裝飾全部卸下，讓拉斐爾重新繪製，當教皇看到他的傑作後說：「啊！上帝，我要感謝您為我派遣了一位偉大的畫家！」由此可見教皇多麼激賞、感動。

　　瓦薩利說：「拉斐爾是位多情的男子，非常喜歡女性，也時常為女性服務。」俊秀瀟灑的拉斐爾很受女性喜愛，但他真誠深愛的唯有瑪爾格麗達，他們相愛11年，並未結婚，而拉斐爾到37歲（1520年）便去世了，遺產也留給了他心愛的瑪爾格麗達。他遺留下287件作品，包括許多的大型壁畫，在他短促的生命中，能創作出如此豐碩的作品，及到達高超的藝術境界，著實令世人驚嘆。

　　拉斐爾的肖像畫將歷史、思想與具體的人生加以結合，畫中人物都是真實的、熟悉的人；傳世的聖母像，拉斐爾以「溫柔的愛」描繪，融合佛羅倫斯、威尼斯畫派與古典技法，從最早在文布里阿，到佛羅倫斯與羅馬，畫出許多無與倫比的聖母像。拉斐爾在少年時期便成為孤兒，他將內心的哀愁和懷念母親的情感融入創作裡，因此他很醉心於聖母與聖子的宗教類題材。其聖母畫像完美的呈現人間女性美和慈母美，所描繪一系列聖母像無一雷同，畫中的聖母容貌並不似中世紀的嚴肅，而是優雅甜美的，充滿溫情慈藹，呈現「漂亮」的美感，達到「圖像人性化的最高峰」。著名作品如《大公的聖母像》、《粉紅色的聖母》、《聖母子》（圖13）、《康那斯聖母》等。

　　《抱獨角獸的女郎》（圖14）是拉斐爾的名作，在畫中，女郎抱著一隻獨角獸，獨角獸是古時歐陸傳說中的動物，尖銳的獨角具有奇異的魔力，可解百毒、治百病；在山林間自由徜徉的獨角

圖13：拉斐爾，《聖母子》，1505年，木板、油彩，59.5×44 cm，美國華盛頓區國家畫廊。

圖14：拉斐爾，《抱獨角獸的女郎》，1505-1506年，木板、油彩，65×51 cm，義大利羅馬波給塞畫廊。

獸成為純潔的化身，於此畫中象徵女郎的貞潔。在中世紀的神話中，善良單純的獨角獸迷戀少女的體香，往往受其誘惑而落入陷阱，被貪婪的人類所捕獲而被殘忍的宰制。畫中的女郎抱著獨角獸，獨角獸舒適安逸的獨自享有女郎的溫柔與體香，觀畫者彷彿可聞到那迷人的女人芳香從畫裡飄散出來，這幅《抱獨角獸的女郎》因而成為最富有香味的名畫；而獨角獸的幸福也是為人羨慕的，牠的純潔得到了永恆的歌頌，不再被無情的扼殺。

《抱獨角獸的女郎》畫作中女郎據說是阿尼奧洛・多尼的的妻子—馬達萊娜・多尼，瓦薩利曾道阿尼奧洛・多尼：「在別的事情上極有節制，唯獨在他喜愛的雕塑及繪畫上，花起錢來極痛快。……他委託拉菲爾為他們夫婦畫像，以便將這兩幅肖像連同兒子喬萬・巴蒂斯塔的畫像一起擺放於他在佛羅倫斯廷托里街修造的府第裡。」拉斐爾將女郎的造型和色彩搭配得很和諧，明亮潔淨的天空襯托出女郎的秀麗容貌和純靜氣質；淡黃綠色的衣服以褐色天鵝絨鑲邊，加上紅色的寬袖和白色的泡泡裝飾，胸前則戴著珠寶墜鍊，顯得典雅端莊。

第六章 當藝術與生活相遇—

藝術的分類
巴洛克與洛可可時期的藝術與生活

藝術的分類

　　藝術活動的種類非常多，分類也很複雜，以下是常見的分類：

一、從「感官知覺」分類，可分為：（一）「聽覺藝術」，例如音樂；（二）「視覺藝術」，例如繪畫。

二、從「歷史背景」分類，可分為：（一）「古典藝術」，例如文藝復興時期、巴洛克時期；（二）「現代藝術」：例如立體派、超現實主義。

三、從「作品形式」分類，可分為：（一）「造型藝術」，例如雕刻、建築；（二）「敘事藝術」，例如文學、戲劇。

　　以「外在形式」為標準談藝術，則可分為：

一、「空間藝術」：指在一個特定的空間中完成作品，展示時作品本身也需以空間的方式呈現，例如：繪畫、雕刻和建築。

二、「時間藝術」：指無論是在創作或欣賞作品時，都需要經歷一定的時間才能完成，例如：文學和音樂。

三、「綜合藝術」：指包括時間性和空間性兩種要素的作品，例如：戲劇、舞蹈、電影。

上述的藝術作品：繪畫、雕塑、建築、文學、音樂、戲劇、舞蹈和電影等，即是常說的「八大藝術」，亦是一般人所指的廣義的藝術。而狹義的藝術通常指美術，屬以空間形式存在的視覺藝術，包含繪畫、雕刻和建築。

巴洛克時期的藝術與生活

　　形成於十七世紀的巴洛克是當時歐洲藝術思潮的總稱，在大國間和新舊教的爭權之下，在新教的國家發展商業與科學，而在舊教的領域，為顯示教會的權威力量和宮廷的富足華麗，因而產生了巴洛克美術。「巴洛克」的字義原是來自伊比利半島（Iberian Peninsula）的珠寶商稱呼不規則形狀的珍珠，沿用有不完美、荒謬的和奇怪的意思。這時期畫家喜歡用弧線及對角線構圖，充滿動態感、誇張感，有戲劇性的色彩和光影，物象繁複厚重。

　　巴洛克藝術創作注重表現強烈感情，有別於文藝復興盛期的嚴肅含蓄。文藝復興時期意味平衡、克制、適中、莊重、理性與邏輯。巴洛克時期意味動態、追求新奇、不安、對比、豪華、誇張感和戲劇性，各種藝術形式的大膽融合。

義大利巴洛克藝術發展到了盛期時，建築佔有很突出的地位，許多特點首先從建築表現出來，而雕刻、繪畫、音樂的發展往往與它配合，形成一種綜合性藝術。在生活上，巴洛克的造形意象包含：浪漫的情調、音樂的氛圍、華麗的場景、貴族的氣息與奢華的認知。

圖1：凡爾賽宮。

在巴洛克時期，於風格的應用上具有特色的文物包括凡爾賽宮（圖1）、貴族的服飾髮型、交響樂與室內樂（巴赫、韓德爾、歌劇等）、繪畫、圖案、室內裝潢和家具等。而現代的巴洛克風格應用常見於高級餐廳、飯店、宴會、流行時尚的布花及豪華的舞台。

一、巴洛克建築

博羅米尼是十七世紀義大利最偉大建築師之一，也是主導巴洛克風格的人物，他的作品使巴洛克建築到達變化莫測的頂峰。他運用對比互換的凹凸的線條和複雜交錯的幾何形體得心應手，創作出一系列令人歎為觀止的巴洛克建築。1638年，博羅米尼受聖三一會修士（Trinitarians）之託，在四噴泉十字路口的狹小位置設計《四噴泉聖卡羅教堂》（San Carlo Alle Quattro Fontane）（圖2）及其修院。

圖2：博羅米尼，《四噴泉聖卡羅教堂》，1638-1641年。

這座教堂的正面和內部都有醒目的流動曲線，為矮小的建築帶來光線和生氣。其中最高明的設計是教堂的圓頂，有隱藏式窗戶、幻覺化的藻井和小巧天窗，使它看起來比實際高度還要高。但博羅米尼未能等這座教堂完工就過世了，之後由他的侄子伯納多（Bernardo）繼續建造完成。

二、巴洛克繪畫

（一）委拉斯蓋茲

委拉斯蓋茲（Velasquez,1599-1660）是當時歐洲最偉大的畫家之一，他曾擔任宮廷畫家。委拉斯蓋茲前期作品受卡拉瓦喬影響，掌握巴洛克的特質，以對角線構圖與戲劇性的光影作畫，年輕的他已將明暗法和寫實畫風表現得極為傑出。擔任宮廷畫家以後，繪製數百幅王室貴族的肖像畫，成功地捕捉西班牙人在孤獨的外表下，隱藏於內心的豐富情感；也受威尼斯派提香的啟發，繪畫的表達較為輕鬆、明朗，創作主題則轉向神話。委拉斯蓋茲訪義大利時，受利貝拉的

圖3：委拉斯蓋茲，《老婦烹蛋》，1618年，油彩，99×128 cm，愛丁堡蘇格蘭國家美術館。

寫實主義影響，並且完成了風格的轉變，色彩自然真實，布局和諧沉穩。

委拉斯蓋茲是葡裔西班牙人，出生於塞維爾。1618年，十九歲的作品《老婦烹蛋》（圖3）使明暗法和寫實畫風合而為一，小男孩拿玻璃瓶的手與老婦人拿勺子的手成為畫中聯繫兩人的關鍵，

圖4：委拉斯蓋茲，《塞維爾的運水者》，1920年，油彩，106×82 cm，倫敦威靈頓博物館。

由這裡往右下和左上延伸的對角線分割了兩個人物；靜物畫得很精細，人物也有烘托靜物的效果。

1620年的作品《塞維爾的運水者》（圖4），畫中小男孩把水杯遞給賣水人，使用暖色調的褐色表現明暗和縱深感，構圖以垂直線形成，予人莊嚴，神聖的感受。委拉斯蓋茲這時期的創作集中在風俗畫和靜物畫，對現實直觀，突顯在強烈光線照射下的物體。

《侍女》（圖5）是委拉斯蓋茲最成熟的畫，描繪皇室成員，畫中除了小公主馬格麗特，還有貴族夫人、侏儒、宗教貴族、宮廷侍官和畫家本身，鏡子理反映出王后和菲力浦四世；這幅畫具有寫實的風格，人物個性敏銳地被刻劃出來，既是肖像群畫也是風俗畫，受威梅爾或荷蘭室內的家庭風俗畫影響。作品中也有威尼斯畫派的豐富色彩，表現物體上的直接光和反射光兩種不同光源，畫出有體積的強光筆觸。1962年路加·喬達諾說：「這是繪畫的神學。」由於這幅畫予人真實存在的感覺，觀眾是可以進入畫中的，而與王后和菲力浦四世同處於場景裡；後方門框下回顧的人物使全畫的透視線匯集在此點。

（二）林布蘭

林布蘭（Rembrandt，1609-1669）是當時荷蘭最富盛名的畫家，他所畫的題材非常廣泛，然最關注的是人的主題，他描繪各種人物，聞名的自畫像從年輕到年老都有。他的畫作大都是暗調子，再施以戲劇性的強光，其光似乎無光源，只為引起注目，代表作有《夜景圖》（圖6）。

（三）維梅爾

維梅爾（Jan Vermeer，1632-1675），為荷蘭大師中最穩健、溫和的一位畫家，他的繪畫呈現秩序感，顯得寧靜祥和，色彩和光線都有所節制。他作畫的速度不快，目前能確定是他的作品

圖5：委拉斯蓋茲，《侍女》，1656年，油彩，318×276 cm，馬德里普拉多美術館。

圖6：林布蘭，《夜景圖》，1642年，油彩·畫布，363×437 cm，荷蘭阿姆斯特丹國立博物館。

只有約四十幅，都是小件作品，大都是描繪家庭生活，畫中僅有一、兩個人，或伏案寫字、做家務、演奏樂器，把日常生活詩意化，代表作有《拿水壺的年輕女子》、《戴珍珠耳環的少女》（圖7），後者畫中活靈活現的勾勒少女的嬌嫩、雙唇的潤濕感、雙眼的水靈和晶瑩的珍珠。

圖7：維梅爾，《戴珍珠耳環的少女》，1665年，油彩·畫布，44.5×39 cm，荷蘭海牙莫瑞修斯博物館。

洛可可時期的藝術與生活

洛可可（Rococo）藝術形成於十八世紀初，當時巴洛克雖繼續在歐洲各地流行，但同時有一種用色清淡、充滿精緻優美感覺的洛可可藝術風格在法國產生，並逐漸盛行。由於當時人們對路易十四的嚴肅風格失去興趣，轉而追求實用親切的空間，因此產生了洛可可藝術，其原指法國路易十五時代的室內裝飾藝術（圖8），特色是有許多優美的小弧形；延伸到繪畫，風格輕快小巧、甜美優雅，因洛可可尋求現實面的快樂，屬於實利主義，故許多洛可可的繪畫是以風俗畫為主。

圖8：洛可可宮殿內部，1719-1744年，德國。

洛可可風格仍保有巴洛克風格的綜合特性，但去除以往藝術的儀式性與宗教性，改以輕快、奔放、易親近和日常性，取代王權思想與宗教信仰的氣息，藉以強調精美柔軟的氣氛，又大量使用光線，表現出一種裝飾性風格。從形式上來看，洛可可繪畫將巴洛克形式的陰暗色調改為輕量的、清淡的色彩，突顯藍綠等亮色調及粉紅、紅色和淡紫色的層次變化，並使銀灰色不那麼冷峻。線條則呈現連續彎曲的曲線，類似建築物和裝飾的線條，形成既隨意而又精緻的整體。洛可可藝術流傳區域並不廣，到十八世紀中葉就逐漸衰微了，而被新古典主義所取代。

華鐸（Jean-Antoine Watteau，1684-1721）是洛可可藝術最具代表性的畫家，他是路易十五的宮廷畫家，擅長描繪當時法國貴族的歡樂生活和談情說愛的場面，《鸞鳳和鳴》（圖9）是他的作品之一。洛可可畫家還有布雪與佛拉哥納爾。

圖9：華鐸，《鸞鳳和鳴》，1715 - 18年，油彩·畫布，50.8×59.7 cm，英國倫敦國家畫廊。

第七章 藝術與生活中的模仿、遊戲與自我表現——

為藝術而藝術之心理學說123
賞析新古典主義、浪漫主義與自然主義的藝術

「為藝術而藝術」之心理學說123

　　從心理學方面談藝術的起源，在「為藝術而藝術」之心理學說上，主要是由精神的衝動這方面來解說藝術，芬蘭學者赫恩（Yrjo Hirn）即主張藝術是起源於「藝術的衝動」（Art-impulse），衝動指人類在精神無意識或半意識下的活動，也就是人類本能的心靈反應。我們可在日常生活裡看到幼兒在成長過程中的活動形式，例如模仿衝動、遊戲衝動與自我表現衝動，隨著自己的自由心智、意願而反應出來，這種本能就形成了人類的「藝術的衝動」，因而產生「為藝術而藝術」之心理學說，包含：模仿衝動說（Theory of Imitation-impulse）、遊戲衝動說（Theory of Play-impulse）與自我表現衝動說（Theory of Self-expression-impulse）。

一、模仿衝動說（Theory of Imitation-impulse）

　　「藝術模仿說」，以柏拉圖(Plato, 427?-347BC）和亞里斯多德（Aristotles,前384－前322）的「模仿說」為代表，指模仿自然與人生的種種現象；包含「外形的再現」（literal representation）與「性格或情感之再現」（emotive representation）。模仿意謂存在於作品和對象間的相似性，法國理論家丹納（Hippolyte Adolphe Taine，1828-1893）認為：完全的模仿無法產生美感，絕對沒有人拿攝影作品與繪畫創作相提並論。模仿是一種對智慧、經驗、情感的重新演練，藉由模仿使藝術的生命得以延續。

　　亞里斯多德把模仿的對象分為三種：「事物過去與現在的實況，事物被人說成或想成的狀況，以及事物應該的狀態。」不管事物的美醜如何，經由藝術的模仿能引發人欣賞的快感。

　　我國也有藝術起源於模仿自然的說法，在《呂氏春秋‧古樂》提到原始歌舞是「聽鳳凰之鳴」、「效八風之音」而產生的；阮籍《樂論》中也說「原始樂歌乃體萬物之生」。因此，無論在東西方的思想文化，都曾提出並支持模仿說論點。

二、遊戲衝動說（Theory of Play-impulse）

　　「遊戲說」是康德（Immanuel Kant, 1724-1804）與席勒(Johann Friedrich Von Schiller, 1759-1805）所提倡，認為藝術的創造起源於遊戲的行為，在精力消耗的過程中，得到一種快感和享受，和生活上的目的、實用價值無關。

康德說：「美的愉悅是不涉及利害的，既沒有感官的利害，也沒有理性的利害，這些利害皆以需要為前提，而美的愉悅是一種自由的愉悅。」因此我們在進行藝術的創作和審美時，不必依賴在目的上而得到愉悅，就不致於受到限制，而能得到自由和純粹的，來自遊戲本能的創造。

英國哲學家斯賓塞(Herbert Spencer, 1820-1903）在1873年出版的《心理學原理》中發揮席勒的觀點，認為「遊戲和藝術都是過剩精力的發洩，美感起源於遊戲衝動」。可見人類生活中的藝術就如同遊戲一般，從藝術創作中得到純粹的愉悅和享受。

三、自我表現衝動說（Theory of Self-e×pression-impulse）

藝術起源於「自我表現衝動」的觀點，在《藝術的起源》一書中可看到赫恩強調人類有表現自我情感的本能；托爾斯泰也提出藝術起源於情感傳達的需要。

我國古代的《毛詩序》曾說：「詩者，志之所之也。在心為志，發言為詩。情動於中而形於言，言之不足，故嗟嘆之；嗟嘆之不足，故詠歌之；詠歌之不足，不知手之舞之，足之蹈之也。」由此可見自我表達之熱切。英國詩人賈本德(Edward Carpenter, 1844-1929）認為：「人生的意義，在於自我的表現；人類的生活越接近自我表現，就越有價值、越有意義。」此觀點意指人類渴望呈現自我的情感思想，並傳達給別人的一種基本心理需求，而且自我表現得愈多愈好，人類的生活就愈有價值與意義。

賞析新古典主義、浪漫主義與自然主義的藝術

一、新古典主義（Neoclassicism）

十八、十九世紀的新古典主義和法國大革命有關，藝術家贊同古代希臘藝術為最完美的形式表現，他們在古代歷史中和現實的重大事件中尋找材料，認為美的理想是追求「理性」的表現，重視素描和構圖的完整性，以及比例的勻稱。由此可看到藝術家在「模仿衝動說」觀點下典雅理性的創作表現。

圖1：大衛，《霍拉第之誓》，1784年，油彩·畫布，330×425 cm，法國巴黎羅浮宮。

圖2：安格爾，《泉》，1856年，油彩·畫布，163×80 cm，法國巴黎奧塞美術館。

大衛（David，1748-1825），是法國新古典主義的領袖，他的畫為要激發高尚的愛國心，宣揚道德的風範，代表作品如《霍拉第之誓》（圖1）。

安格爾（Jean-Auguste-Dominique Ingres，1780 -1867）是大衛的學生，繼大衛之後的最重要畫家，他的作品《泉》（圖2）中，少女佇立姿態美妙到極點，有一種純潔、典雅、恬靜的美

感，畫家在線條、形體和色調上，表現出崇高的意境。

二、浪漫主義（Romanticism）

浪漫主義興起於十九世紀初，它是一種廣泛的藝術運動，主張提高個人的感受和情感的因素，作品中帶有一種抒情色彩，以大膽的創作與鮮麗的色彩描繪悸動激情的內在世界。在繪畫題材上，由於對現實的不滿，引發對歷史的懷念與對異國的嚮往，也對社會改革充滿熱情。由此可看到藝術家在「遊戲衝動說」觀點下大膽激情的創作表現。

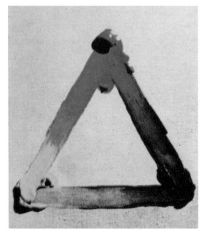

德拉克洛瓦（Eugene Delacroix，1798-1863）的作品充滿浪漫主義風格，他善於將抽象的冥想和寓意轉變為藝術形象，表達出浪漫式的強烈激情與具深度的感情，描繪出激烈的運動和具氣勢的律動，鮮少有人能與他相比，這使他成為法國浪漫主義的主帥，他一生作品高達約萬幅之多。

德拉克洛瓦根據速寫本中的一幅速寫繪製了「彩色三角型」（圖3），他把三原色：紅、黃、藍置於三角頂端，其中兩色相混，混出橙、綠、紫第二次色，這三種混合色又與對應於頂點的原色形成對比，也就是紅與綠、黃與紫、藍與橙——互為補色，這種著色法是「色環圖」的先聲，由「彩色三角型」可以看到德

圖3：德拉克洛瓦，「彩色三角型」。

拉克洛瓦如何運用色彩，到十九世紀後半期這色彩基本原理成為畫家繪畫的主要依據。

他的畫作《自由女神引導人民》（1830年）（圖4）是浪漫主義運動鼎盛時期的代表作品，表達對現實社會的關注，這是一幅歌頌巴黎人民爭取自由和權利的畫作，畫面上人物呈現工人、小資產階級和知識分子的形象，結合了比喻與現實，而揮動紅、白、藍三色旗的自由女神突顯浪漫主義的特徵，主題明確；全畫構圖嚴謹，主要形象的描繪具動態感與精確性；光色表現上，色彩鮮艷，明暗對比強烈，流露出奔放的感情。這幅畫的歷史背景是1830年7月法國巴黎「光榮的三天」，當時有產階級加入大學生和無產階級的抗爭行列，一起反抗以

圖4：德拉克洛瓦，《自由女神領導人民》，1830年，油彩‧畫布，260×325公分，法國巴黎羅浮宮。

查理十世為首的政府，德拉克洛瓦以這幅畫顯示身為藝術家參與政治事件的決心；此畫是繼哥雅之後第一幅關於近代政治的畫作。德拉克洛瓦並沒有參加1830年當時的革命運動，卻把他自己畫成在自由女神右邊的青年知識份子，頭戴高帽，手執長槍；另外有人認為浪漫主義作家維克多‧雨果在三十年後的名作《悲慘世界》是對這幅畫的呼應，自由女神左邊的少年就是書中角色的形象。這幅畫曾被法國政府印入紙鈔和郵票上（100法郎的鈔票和1980年的郵票），可見法國人民對此畫的重視；此畫產生的激情和真實感，使觀者彷彿身歷其境，它傳達出發人深省的訊息。

德拉克洛瓦在1832年進行北非之旅，1834年他畫了《阿爾及爾婦女》（Women of Algiers）（圖5），描繪在回教徒的婦女閨房所看到的內部情景，畫家因直接經驗留下深刻的印象，於是畫下這場面，也將西方社會的「窺淫癖」表現到極點。他在《日記》中說：「太美了！它使我們回到了荷馬時代，在古希臘的閨房內，婦女們看顧的孩子，或織著色彩斑斕的布匹。這就是我心目中的婦女形象。」畫中人物形態表現的十分自在，瓷磚、窗簾、地毯、絹衣、寶石等物都經仔細描寫，這幅畫並決定了他日後風格的形成，他又陸續描繪一系列有關中東和近東生活的作品。他在畫中的色彩應用補色對比，恢復18世紀輝煌色彩的作風，同時開啟通向印象派的道路。他在旅行途中曾寫信說道：「在這裡所謂名譽已成無意義的詞彙，所有的一切變成愉快的怠慢。誰能夠否定這是人世中最理想的狀態呢？」他的話如實的表現出《阿爾及爾的女人》畫作中隨意和靜謐的氣氛。

圖5：德拉克洛瓦，《阿爾及爾的女人》，1834年，油彩・畫布，180×229 cm，法國巴黎羅浮宮。

三、自然主義（Naturalism）

法國一群畫家遠遠的居住在楓丹白露森林附近小村莊巴比松村，組成「巴比松派」，他們重視田園生活，並實地寫生景物，希望補捉自然界瞬息變化的真實景色，精確而不加藻飾的呈現。由此可看到藝術家在「自我表現衝動說」觀點下自然真實的創作表現。

巴比松派的重要畫家米勒（Millet，1814-1875），他的代表作品《拾穗》（圖6），把農家婦女的形象刻畫得十分深刻，畫面單純而有力量，表現農民聽天由命的性格，逆來順受的苦行，以及面對大地的虔誠和謙卑。

圖6：米勒，《拾穗》，1857年，油彩・畫布，83.5×111 cm，法國巴黎羅浮宮。

另一位畫家柯洛（Jean Baptiste Camille Corot，1796 -1875），將畫作裡的空間性與光線都處理得完美平衡，風景畫素材簡單，在自然界的色彩裡，充滿純樸真誠的美感，畫作如《清潭追憶》（圖7），寧靜有詩意。

圖7：柯洛，《清潭追憶》，1864年，油彩・畫布，65×89 cm，法國巴黎羅浮宮。

第八章 藝術與生活中的宗教——

為人生而藝術之心理學說 1 古埃及的藝術與宗教

「為人生而藝術」之心理學說 1：宗教說(Theory of Religion)

從心理學方面談藝術的起源，在「為人生而藝術」之心理學說上，首先談宗教說。英國學者赫伯特·里德（Herbert Read）說：「我們緬懷過去，就會發現藝術與宗教攜手從史前幽暗深處走了出來。」宗教著重將願望表達出來，經由舉行慶典、祭典、祈禱和祈求保佑等行為，以完成宗教的儀式，儀式中的活動常伴隨音樂、舞蹈、歌唱和戲劇等，逐步形成藝術的起因；而舉行宗教儀式或供奉崇拜對象的場所，例如教堂、廟宇與道觀等，其建築、雕刻、雕塑、繪畫、壁畫和工藝等，亦成為藝術的起源。

人類對超自然力量的敬崇，漸轉化為對「靈」存在的信仰行為和活動，而宗教崇拜在真實情況上，可分成如下六大類：

一、自然崇拜（Nature Worship）

二、動植物崇拜（Animal and Plant Worship）

三、圖騰崇拜（Totemism）

四、靈物崇拜（Fetish Worship）

五、偶像崇拜及活人崇拜（Idolatry and Man Worship）

六、鬼神崇拜及祖先崇拜（Ghost Worship and Ancestor Worship）

在對自然崇拜方面，譬如春秋戰國時代，位於南方的楚國一方面導源於殷商時代的「先鬼而後禮」觀念，一方面則來自於楚國的自然環境，在高山大澤、雲煙瀰漫的架構和變幻中，神鬼的思想和宗教的迷信就如此延續下去，故楚國有許多信仰巫鬼的風俗，因著豐盈的想像，孕育出各種神話與傳說，發展出美麗的詩歌和樂舞，《楚辭》即是楚國詩歌的代表；表現楚國特別的宗教色彩，流露楚人虛無詭秘的生命觀。楚人祭祀的神靈較為駁雜，包括天帝和日、月、風、山、水等鬼神之靈，分為三類：第一，屬於楚人原有的神祇，如：東皇太一、大司命、少司命、風伯、雨師等；第二，來自於北方華夏民族的神祇，如：高辛、軒轅等；第三，來自於湘水邊的蠻族的神靈，如：湘君、湘夫人。

圖騰崇拜是宗教的最初形式之一，圖騰指一個民族的標誌或圖徽，例如狼的圖形便是狼族的圖騰。圖騰是北美阿耳貢金人的奧季布瓦部族方言「totem」的音譯。「圖騰」一詞出現於1791年龍格在倫敦出版的書：《一個印第安譯員的航海探險》，之後50年中，圖騰這一名稱，被視為是美洲印地安人的一種制度。圖騰崇拜，指以某種圖騰命名的氏族，對此圖騰的起源和圖騰相關的自然對象的崇拜，也衍生出儀禮、禁忌、制度和習俗等；因此以圖騰為標誌的圖騰崇拜是原始社會中的一種現象，亦包含著氏族社會的某些制度。（圖1）

圖1：誇誇卡瓦庫和圖騰柱，1953年，加拿大不列顛哥倫比亞省，印第安人酋長蒙哥·馬丁在維多利亞建造。

靈物崇拜方面，在中國悠久歷史中，「龍」可說是最受崇拜的一種瑞獸，它碩大無比的身軀、雷霆萬鈞的威力、神幻莫測的變化、昂首屈背的雄姿，曾激起許多生動的想像，也引起中華民族對龍敬拜的感情。「鳳」是中國傳統祥禽瑞鳥而受到崇拜，《春秋演禮圖》記載：「鳳為火精，在天為朱雀。」朱雀又名朱鳥，是南方七星宿的總名，因南方七宿連起來猶如鳥形，南方屬火，火是赤色，即朱色，故名朱雀，朱雀就是一種鳳鳥，亦稱「火鳳凰」，也是百鳥之王，鳳凰來儀是古時祥瑞徵兆，因此帝王皇室的飾物，很多是鳳形，以祈求天下太平，子孫旺盛。

在舊石器時代，繪製洞窟繪畫的目的之一為宗教性的信仰，初民常把動物的形象畫在洞穴的牆壁上，以祈求動物不被神靈所帶走；也畫有一些捕獵活動的畫面，大都期望捕獵活動順利，或以此懷念在捕獵行動中犧牲的親屬，猶如對祖先崇拜的起源。

道家哲學延伸出中國藝術的美學，主要以老莊思想為主體，醞釀出文人畫的繪畫意境，道家清雅脫俗的美學追求、崇尚自由的詩意情懷、親近自然的隱逸作風，與文人畫的精神相契合。元代道家思想昌盛，文人畫家大都受到影響，這其中原因乃全真教（全真教是中國道教的重要派別，金代時由王重陽於山東寧海所創立）的掌門人丘處機，他多次利用自己與成吉思汗的良好關係，為道家文化增長勢力，而全真教是個具有強烈民族意識、以老莊道家學說為宗旨的宗教，這使得文人士大夫找著可保存身家性命又能慰籍心靈的理想之處；另一原因是元代的漢文人畫家不論是在朝為官或被迫退隱山林，都希望從道家的隱士思想中找到解脫精神痛苦的藥方。

古印度迦毘羅衛國的釋迦牟尼，在大約西元前6世紀對於佛弟子所開示的教導，後發展為佛教。相傳當年靈山會上，如來拈花，迦葉微笑，如來就傳法給迦葉，因而傳下此種不立文字、以心傳心的法門，即是禪宗之源始。在印度傳授到二十八世菩提達摩，於南北朝（西元一年）時期到中國弘法，是為中國禪宗初祖，傳到五祖弘忍後，禪宗一分為南北宗，南宗的六祖慧能，主張頓悟；北宗的神秀主張漸悟，但北宗不久就沒落，南宗成為中國禪宗主流。自唐以來，文人畫與禪宗有密切的關係，無往禪師說：「禪宗興，繪道昌，禪宗萎縮而畫壇冷落。」文人畫家多具禪家精神，繪畫多為禪境的顯現，文人畫隨禪宗的盛行而興盛，文人也為禪宗的發展造成推動作用。文人畫以寫心為主，帶著很大的主觀隨意性，此來自禪宗的心性論，這抒發自我內心情感的畫風至元代達到最高峰。

媽祖信仰屬於民間信仰，民眾受到媽祖生平傳說、各種傳奇神話如救難助人、建立廟宇，及與儒、佛、道有關故事的影響，對媽祖產生特殊的敬奉，累積成特別的生活形態與社會習俗，成為普及的媽祖文化，加上宋元明清各朝代屢賜媽祖封號，於是媽祖從福建莆田區的地方神，傳播至台灣與世界各地。媽祖造型呈現民眾心中美好的現實形象，其造型藝術含整體造型、塑材、冠帽、容顏色彩、手勢與手持配件、衣飾等，其象徵意涵反映出神話中救苦救難的女神形象、具生殖意義的母神形象、母儀天下的帝后形象，並轉化為更富神能的女神。媽祖的傳說故事和造型藝術所隱藏的象徵意義與審美價值，共同形成媽祖形象的人文美學。

圖2：龍柱，台北市艋舺龍山寺。

由上可知宗教對於藝術的影響，在生活上可看到寺廟、教堂或道觀的建築、壁畫和雕刻（圖2），以及節慶時的慶典、迎神賽會，或是祭典、喪禮中的儀式等，不但看到了精緻的工藝表現，也看到與生活結合的音樂、舞蹈和戲劇行為……；藝術自然寄寓在這些熱情的宗教活動中。而宗教信仰與思想帶給藝術家許多心靈的啟發與創作的靈感，更使藝術的創作源源不絕。

圖3：古埃及地理位置。

古埃及的藝術與宗教

古埃及藝術與宗教息息相關，以下將依年代分為初期王朝、古王國時代、中王國時代、新王國時期、末期王國時代，直到帝國滅亡，一窺神秘的古埃及藝術。（圖3）

一、初期王朝（第一-二王朝）（3200-2780BC）

埃及在法老統治下成為統一的國家，建都提斯，故初期王朝又稱提斯時代，此為主權確立、政教合一的時代。法老王是埃及的最高統治者，有著如神般崇高地位，埃及人皆相信法老王的王位來自上天所賜予。而法老王的地位決定了埃及藝術的走向，成為效忠法老王與確保來生永生的宗教藝術，此即埃及藝術的傳統。

古埃及人的宗教預期死後復生，他們認為人去世後的靈魂會回到肉身，與肉身的冥體結合為一體，如此成就生命之永恆，也就是期待死後復生，達到來生永生的信念，型式如下：「靈魂➜肉身➜冥體➜成就生命之永恆」。因此古埃及人製作木乃伊，讓靈魂有回歸之處。

埃及的藝術產生自生活，由於尼羅河每年泛濫，周而復始，埃及人體會到生命的更新，認為人的生命也是如此的；因而在宗教上產生死後復生的信仰，為此製作木乃伊，並將木乃伊置於金字塔內；因此在藝術上，形成效忠法老王及確保來生永生的宗教藝術，其精神是凝重、嚴肅、永恆不變

的；金字塔的建築藝術，其形狀像太陽光從天上照射下來，又像傳說中一塊天地間所創造的石頭，是天地的原始中心，也是現實世界裡國王永遠居住之地。

古埃及人將很多精力集中在興建墳墓與廟宇，材料則是以石、磚為主。當時，拱門（arch）結構已經出現在建築中，但並不普遍，主要運用柱子與橫樑（post and lintel）的縱橫式結構。古埃及的建築有四種主要形式，包括金字塔（Pyramids）、陵寢（Tombs）、廟宇（Temples）、雕像與紀念物（Statues and monuments）。

二、古王國時代（第三 - 六王朝 2700-2040BC）

古王國時代的帝王墳墓很多是金字塔型式，故也稱為「金字塔時代」。當第三王朝建都孟菲斯時，埃及的藝術開始以建築為主，雕刻或浮雕只是用來做裝飾。死亡為埃及人所重視，自提斯時代以來，來世觀已確立，歷代的法老王為了將死後的世界建構得更完美，常在生前就為自己籌劃建造巨大的墳墓，並將它營造出現世的環境，讓它是靈魂居住的地方，於是產生金字塔，它也成為古埃及藝術的象徵，同時具有宗教與藝術的意義。

最初期的金字塔形狀源自於第一、二王朝時代的平頂石墓，當時是墓室，深埋於地下。第二個王朝結束時，都城遷至孟菲斯，興起的第三王朝即為古帝國的開始。平頂石墓漸發展為金字塔的形狀，在薩卡拉的階梯式的金字塔就是過渡期的建築。

薩卡拉的階梯式的金字塔（圖4）是建築學的開始，可追溯自第三王朝左瑟王時，當時的建築師是伊姆侯帖，他在開羅南方約三、四公里的薩卡拉山丘上，設計建造出

圖4：階梯式的金字塔，埃及第三王朝左瑟王。

平頂石墓重疊所形成的六層階梯式的金字塔--馬斯塔巴，這很可能是現存世界上最古老的石造建築物。

到第四王朝，金字塔的發展達到了高峰。此時期以花崗岩砌成金字塔，形式成徐緩的傾斜度，形狀簡單而雄渾宏偉，以吉薩的三座金字塔（圖5）為主要代

圖5：吉薩金字塔群，古埃及第四王朝，吉薩。

圖6：人面獅身像，古埃及第四王朝，19.8×73.2m，吉薩。

表，包括胡夫金字塔（又稱「大金字塔」）、第二大的卡
夫拉金字塔、最小的孟卡拉金字塔，其中以卡夫拉王的王
墓與人面獅身的河岸神殿（圖6）最為著名。

埃及雕刻藝術也有人面獅身像（圖7、8），這是埃及
法老王的活形象，身體是威猛的雄獅，頭是人類的面孔，
佩戴「尼玫斯」，有法老王的髮型和假鬍，整座以粉紅色
花崗石雕刻，以下雕刻收藏於法國巴黎羅浮宮。

埃及的壁面浮雕（圖9、10），在淺淺的浮雕上有人
面獅身的側面；壁面上也有埃及的文字，由象形文字組
成，包括語言字符和象形符號，令人費解的埃及文字直至
1882年才被破解。以下壁面浮雕收藏於法國巴黎羅浮宮。

圖7：人面獅身，法國巴黎羅浮宮。(作者拍攝)

圖8：人面獅身，法國巴黎羅浮宮。(作者拍攝)

圖9：壁面浮雕，法國巴黎羅浮宮。(作者拍攝)

圖10：壁面浮雕，法國巴黎羅浮宮。(作者拍攝)

埃及的藝術使用「正面法則」與「多點透視法則」。「正面法則」（圖11）：古埃及雕像基於宗教和花崗岩的限制，無論坐立，由軀體對準鼻尖，與肚臍連成正中線，而做左右對稱，脊椎永遠與地平線呈垂直，面部朝向前方，稱為正面法則。「多點透視法則」（圖12、13）：表現在壁畫、繪畫與浮雕上，特別是人像上，通常是人物用側面臉，上半身從正面肩，下半身從側面腿的表現形式。

圖12：《拉摩士與妻子》，西元前1400年，浮雕，「多點透視法則」。

圖11：阿曼連罕三世祈神像，「正面法則」。

圖13：《家庭和樂圖》，「多點透視法則」。

三、中王國時代（第十一 - 十二王朝，2040-1673BC）

中王國時代不只國王的陵墓建築閎偉華麗，民間的私人墓地也是富麗堂皇，並顯示建築方面的新穎風格，在底比斯附近，在平頂石墓上加蓋金字塔，故可看到平頂墓金字塔的型式。這時期開始在神殿門口矗立著一對方尖碑（圖14），以象徵太陽，此成為神殿建築的特徵。

此時期埃及的藝術進入輝煌新頁，在不安定的時代，使得藝術的表現脫離過去的成規，展現創新的風格，去除裝飾性，直接用寫實的手法，以表現自身的反省與深刻的心理感情。

圖14：路克索神廟方尖碑。

中王國時代晚期，希克索斯人的侵入，國家紊亂不振，許多神殿也被破壞了，更因其廢墟的廢材在新帝國時代再度被用作建築材料，所以此時期的建築遺跡幾乎都遭到破壞，非常可惜。

四、新王國時期（第十八 - 二十王朝 1552-1069BC）

第十八王朝圖唐卡門於9歲即位（約1350BC之後），他懷抱著美麗的夢想抱負，卻於20歲前便辭世了，其一生充滿神奇的傳說。他的墓寢直到1922年才被考古學家發現，很離奇的是這些發現墓寢的人都相繼在短期間內死去，彷彿有圖唐卡門魔咒；因此他的木乃伊至今仍未被移動，而其墓寢內有著許多壁畫等藝術（圖15）。《尼羅河女兒》描寫的就是古埃及君王圖唐卡門和妻子的故事。圖唐卡門墓寢的發現與中國秦始皇陵墓的發現，兩者並稱為20世紀全世界考古的最偉大發現。

過去在埃及美術上，王與神同為偉大的存在，其形狀以具有威嚴的姿態來表現；然而到此時代，可從神殿裡的神像看到細小的手足、細頸、長長的臉型、厚厚的嘴唇、扁平的胸部、纖細的腰與微突的下腹。

圖15：圖唐卡門棺蓋，西元前1300年。

可說新王國時代的藝術，捨棄古王國時代的直線形態，改以流暢的曲線處理光與影的和諧，力求誇示帝國王權的豪奢趣味，並追求複雜的裝飾性與優美性。

圖16：阿布·辛貝爾岩廟，埃及十九王朝的拉姆斯二世。

直到十九王朝的拉姆斯二世，可說是埃及帝國最繁榮的治世頂點，收回阿魯安夢時代所喪失的埃及版圖後，他把埃及的首都遷到三角地帶，並使埃及建築活動變得極為活躍。拉姆斯二世完成的最偉大作品是阿布·辛貝爾岩廟（圖16），這是鑿整座山而成的。拉姆斯二世在位的六十七年間，在今天埃及西方的帝王谷，建造了許多葬祭殿、岩窟神殿等，由這些宮殿可想見當時的建築盛況（圖17）。

圖17：拉姆斯二世與三世的牆門與廊柱。

《獵鳥圖》（圖18）是埃及新王國時代貴族雷馬愛夢的墓室壁畫，繪畫題材描寫埃及人利用紙莎草做的船，在尼羅河上狩獵的情景。中間是主人，右邊是妻子，腳邊手持蓮花的是女兒，畫中的動物有貓、鳥、鴨子和魚，背景有埃及象形文字。人物透視表現是運用多點透視法，色彩呈對比。鳥具有多種類，姿態生動，主人抓的鳥具動態形式。

圖18：《獵鳥圖》，埃及新王國。

五、末期王國時代（第二十一 - 三十王朝，1070-333BC）

此王朝的藝術因其都城之名，故稱為「沙斯模式」，在沙斯模式的雕像（圖19）中有著共通的特色，就是凝固在臉部的微笑，這種不自然的微笑稱為「沙斯微笑」，雖有其魅力，卻都無法顯示出生氣及智慧，故雕像顯得毫無生命。這種優雅的微笑，與沙斯王朝同期的希臘早期雕像中的「古拙的笑」完全不同；而埃及藝術也以「沙斯模式」為終曲。

六、帝國之亡（332-30BC）

332BC馬其頓的亞歷山大大帝征服了埃及；托勒密一世即位。300年後，埃及豔后即位，她於30BC自殺而亡國；因此羅馬帝國直轄埃及領土。

圖19：伊茜絲女神的坐相，埃及末期王國。

第九章 藝術與生活中的宗教——

敦煌石窟的宗教藝術

　　敦煌石窟位於河西走廊（甘肅省）西端的敦煌，在三危山和鳴沙山間的斷崖壁面上的石窟，以精美的佛像彩塑、壁畫等宗教藝術聞名於世，是世界上現存規模最大、內容最豐富的佛教藝術勝地，記錄了佛教藝術的風格演變。敦煌是古代中原通往西域的交通樞紐，當地一片沙漠，環境險惡，運輸工具以駱駝為主，商旅為求絲綢之路平安順利，祈求神明庇佑或還願，而在此興建敦煌石窟，當地法師與僧人也在岩壁上開鑿石窟用來修禪。

　　敦煌石窟指莫高窟，俗稱千佛洞，它始建於十六國的前秦二年（西元366年），歷經十六國、北朝、隋、唐、五代、宋、西夏、元等歷代的興建，前後一千多年，形成巨大的規模，現有洞窟735個，內有泥質彩塑2415尊及壁畫4.5萬平方米，壁畫主要有佛像、佛教故事、佛教史跡、經變、神怪、供養人、裝飾圖案等七類題材。近代以來，又發現了藏經洞，內有5萬餘件古代文物，並衍生出一門專門研究藏經洞典籍和敦煌藝術的學科———敦煌學。

　　若說南朝畫家以木結構的寺院為創作地點，那麼北朝畫家則以石窟佛寺為創作場所，因木質不如石質易於保存，故至今傳世的北朝繪畫遠多於南朝，且集中在當時開鑿的甘肅、新疆等地的石窟中，其中以甘肅敦煌莫高窟最引人矚目。古代的開窟贊助人（即供養人）和佛教藝術家在敦煌開鑿石窟，依照佛教經義並用人為力量創造一個未來世界，在此世界裡，佛教的人生觀、世界觀、輪迴報應、天國極樂等都在石窟的藝術中呈現。

　　以下將探討敦煌石窟中的壁畫，以石窟中的《勞度差鬥聖變》壁畫、唐代的舞蹈壁畫、五代《五臺山圖》壁畫與元代的壁畫為例，一窺敦煌宗教藝術的莊重、瑰麗與奧秘。

一、《勞度差鬥聖變》壁畫

　　《勞度差鬥聖變》僅在敦煌石窟出現，從榜題和表現內容來推查，這些壁畫的內容與《降魔變文》有關，顯然是《賢愚經》卷10第四十八則〈須達起精舍品〉的擴展和深化，繪製出佛教與外道鬥法的畫面。

　　敦煌壁畫的主題因年代有所變化，從北朝到隋唐初年主要是以本生、因緣等經典裡的故事為題材，大都以單幅經變呈現，如莫高窟早期的《賢愚經》壁畫，是以觀像為主，要旨在闡揚佛陀的慈悲情懷。到了晚唐、五代、北宋初年，壁畫的內容產生很大的轉變，以整部經典為繪畫題材，即如《賢愚經變》，而以屏風畫展現，俗講僧邊講唱，邊指看「立舖」畫幅，引導信眾邊聽邊看，以宣揚佛教教義，在性質與功用上不同於以往的單幅經變，此時《賢愚經》的內容已成變文，經變壁畫與變文緊密結合，成為最佳的宣教工具。

圖1：第335窟，西壁龕內南側，勞度差變相部分，壁畫，初唐。

根據《敦煌石窟內容總錄》記載，《勞度差鬥聖變》壁畫出現自北周，經唐、五代，一直延續到宋代，保存於西千佛洞、敦煌莫高窟及安西榆林窟裡，共有18鋪，由此可見這個故事題材在敦煌地區受歡迎的程度。《勞度叉鬥聖變》壁畫通常採取對稱的構圖，畫出舍利弗與勞度叉各坐一方，呈現舍利弗泰然自若與勞度叉驚惶失措的形象，而在他們中間穿插著許多鬥法的情景，向佛教信徒們展現佛力無邊。

《勞度差鬥聖變》在西千佛洞有北周末隋初的遺例，在莫高窟用這個故事主題來表現的，則以初唐第335窟為最初具代表性的壁畫，非常受到注目，此故事常被用《降魔變文》來講唱，對敦煌經變來說，是相當值得關注的一幅壁畫。第335窟西壁龕內南側畫有勞度差（圖1）[1]，北側則有舍利弗相對，勞度差坐在几帳中，被舍利弗所召來的大風吹得狼狽不堪，鬚髯和衣服都呈現飛揚的動態，勞度差緊閉雙眼，無技可施；在下方畫有外道的信女也受到強風侵襲，衣服貼在豐滿的身體上，神態描繪得十分有趣（圖2）。

晚唐第9窟，在南壁上（圖3），左為舍利弗，右為勞度差，分坐在高座上；壁面畫有購置園林的過程，左下方有須達與舍利弗坐談，還有須達的馬車等。壁上大都是舍利弗和勞度差鬥法的情景，分別描繪出六次比術的情節，中央則畫有波斯匿王端坐觀戰。舍利弗維持從容鎮定的神態，外道則露出慌張神情，形

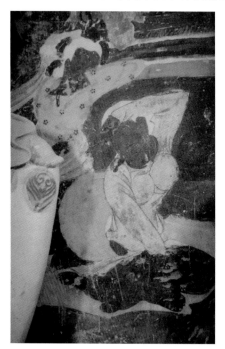

圖2：第335窟，西壁龕內南側，勞度差變相部分，外道信女，壁畫，初唐。

圖3：第9窟，南壁，勞度差變相部分，壁畫，晚唐。

1　《勞度差鬥聖變》壁畫引自敦煌文物研究所主編，《敦煌藝術寶庫》-3(敦煌：敦煌文物研究所)。以下壁畫引同自《敦煌藝術寶庫》-4、5。

圖4：第9窟，南壁，勞度差變相部分，壁畫，晚唐。

圖5：第196窟，西壁南側，勞度差變相部
分，舍利弗，壁畫，晚唐。

圖6：第196窟，西壁北側，勞度差變相部
分，勞度差，壁畫，晚唐。

成強烈對比，正邪、勝敗的區分十分清楚。在勞度差一景中（圖4），其鼓架已被舍利弗所施的大風吹倒，外道連忙扶著鼓架，而大樹已被連根拔起，大蛇失去依靠，此時勞度差的敗跡已現。《勞度差鬥聖變》到張議潮統治的晚唐大為流行，其原因大概是階級意識和民族衝突日益高漲的關係。

還有，第196窟於西壁南側（圖5）畫有舍利弗神情鎮定的安坐在高立的蓮台上，頭頂上覆蓋華麗的菩提大寶蓋。周圍繪有形體較小的畫面，包括：禪定的舍利弗、須達請舍利弗入座、須達與諸比丘同觀鬥法、比丘鳴鐘宣告佛教得勝、比術落敗的外道皈依佛法、六師外道淨身剃髮出家等題材，畫師以新奇的角度描繪，未採正面角度，人物表情具濃厚的現實樣貌，如外道歸順時，在素樸天真中帶有慚愧之態，十分可親可愛；這些特色使此經變的表現效果更較其他經變生動。第196窟西壁北側（圖6）畫有外道勞度差坐在高床座上施展幻術，床邊斜置高梯，床座被舍利弗所遣的風神吹得搖搖欲墜，大樹被連根拔起，鼓架傾倒，四周徒眾無法站立，驚惶失措的攀梯扶床，牽繩打樁，女外道也無法保身，抱頭不支……；外道勞度差臉上露出狼狽、畏懼神情，其危傾欲倒的敗勢已顯而可見。

五代晉天福五年後第146窟的《勞度差鬥聖變》，是曹氏畫院經變規模最大的一種，壁畫內容已超過《賢愚經》第四十八則〈須達起精舍品〉的範圍，繪製結構嚴密，情節增衍豐富，榜書多達有七十六條，包含七十六個情節，具體表現又多以變文為根據，凡此種種形成自晚唐至宋時期經變

圖7：第146窟，西壁南側，勞度差變相部分，舍利弗，壁畫，五代。

圖8：第146窟，西壁北側，勞度差變相部分，勞度差，壁畫，五代。

壁畫的重要特色。第146窟的四面牆壁上都畫滿了經變，西壁的整面畫有勞度差變相，此外在南、西、北三壁的腰壁分別以二十四扇屏風式壁畫描繪《賢愚經》的故事畫。舍利弗（圖7）和勞度差（圖8）分別畫在西壁的南側和北側，以鬥法中大風出現為主題，兩位形象呈強烈對比，而畫面各處配置與故事相關的情節，很明顯的承襲唐以來描繪的形式。六回合鬥法場景有的被省略，有的則補充不足處；另外還畫有須達長者購園與建精舍等情景。西壁北側，其

圖9：第146窟，西壁北側，勞度差變相部分，六師外道，壁畫，五代。

中景色有外道的徒眾在狂風中忙著釘樁拉繩（圖9）；下方是被吹落的帳幕包裹住幾位碧眼鬚髯、面露驚恐神情的外道（圖10）；在梯下方有四位外道信女禁不住強風吹襲，慌亂的以長袖遮臉，一副楚楚可憐樣，信女梳高髻，身著花紋衣衫外繫長裙，此服飾或許是

圖10：第146窟，西壁北側，勞度差變相部分，六師外道，壁畫，五代。

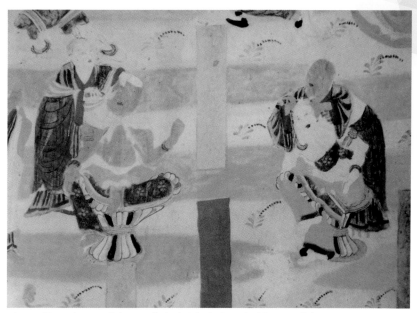

圖11：第146窟，西壁北側，勞度差變　圖12：第146窟，西壁南側，勞度差變相部分，外道歸依，壁畫，五代。
相部分，外道信女，壁畫，五代。

當時女子的平常穿著（圖11）。西壁南側，其中景色有兩位外道歸順時，坐在蓮花座上等待剃髮出家（圖12）；下方也畫出須達長者與舍利弗同訪祇園時，所乘的馬匹和牛車以及車夫和隨從等圖。第146窟可說是唐以後，所繪《勞度差鬥聖變》中表現最精采生動的壁畫。

北周西千佛洞第12窟開啟《勞度差鬥聖變》壁畫的序幕；唐前期的《勞度差鬥聖變》壁畫只出現一鋪第335窟，在吐蕃統治敦煌時期曾經中斷，到了晚唐又再度出現，更呈現大場面的情節，主題包含「購園」、「鬥法」與「外道皈依」等圖像，如晚唐第9窟、第196窟的《勞度差鬥聖變》，表現佛教與婆羅門教兩勢力對峙的鬥爭；五代到宋，《勞度差鬥聖變》出現增衍、自行組合等圖象，如第146窟等，此後漸入衰頹的情勢。《勞度差鬥聖變》壁畫，在視覺上吸引大眾，變成傳播佛教教義的最佳工具。

二、唐代的舞蹈壁畫

唐代的富裕經濟、豐沛人才，造就藝術的高度發展，舞蹈是其中之一。敦煌壁畫的舞蹈內容可分類為三：第一，反映當時民間生活和社會風俗的舞蹈形象，經常出現於出行圖、宴飲圖和嫁娶圖等壁畫中；第二，天宮裡的舞蹈形象，包含：天宮伎樂、飛天伎樂、護法神伎樂(天王、金剛力士、藥叉、伽陵頻迦）、化生伎樂(化生菩薩、化生童子）等；第三，經變畫中的樂舞表現，包含禮佛伎樂等。

（一）出行圖

以晚唐第156窟的「河西節度使張議潮統軍出行圖」（圖13）為例，張議潮為河西隴右十一州節度使。圖中為首的是騎兵儀仗隊，手裡拿著長角和旗幟，接著的舞蹈表現「八人舞」，分四人為一組，兩組相對起舞，一齊甩開長袖。正面的四個男舞者都戴襆頭，有的穿花燈籠褲，他們擡起左腳，右手插腰，左手甩袖在斜上方；而背向的四個女舞者頭上戴冠簪花，有的也穿花燈籠褲，她們左手插腰，右手甩袖在斜上方；這八人的舞蹈姿態頗像藏族的代表舞蹈「巴塘弦子」，整隊舞者都在行進中，舞姿整齊一致。

再以第156窟的「宋國河內郡夫人宋氏出行圖」（圖14）為例，宋國河內郡夫人正是張議潮之妻。圖中前方有四人，梳高髻，著漢裝，長裙長袖的紫色舞衣上，披有肩巾；舞者站在四方跳著「方舞」，甩右袖，擡腳起舞，形象自然優美，具有民間舞蹈情調，此異域舞蹈也曾傳入唐宮。

（二）宴飲圖、嫁娶圖

民間宴飲的樂舞如中唐第360窟（圖15），於東壁南側的維摩詰變下方，有一屏風畫「方便品」，場景是在小酒館裡，坐在桌旁的人，邊飲酒邊觀看舞蹈表演，其中一個人拿著拍板伴奏；右邊一個男舞者，袖子挽得短短的，雙手握拳，左腳踏地，舞動身體，動作頗富男性氣概。

圖13：第156窟，南壁腰壁，出行圖中的八人舞，壁畫，晚唐。

圖14：第156窟，北壁腰壁，出行圖中的方舞，壁畫，晚唐。

圖15：第360窟，東壁南側下部，方便品宴飲圖，線畫，中唐。

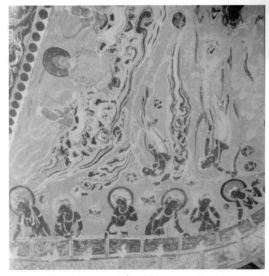

圖16：第445窟，北壁，嫁娶圖中的綠腰舞，壁畫，盛唐。 圖17：第321窟，西壁龕頂南側，下墜的飛天，壁畫，初唐。

　　宴會嫁娶的樂舞曾出現在彌勒經變的故事畫，盛唐第445窟的民間嫁娶宴會圖（圖16）裡，婚禮當中，依唐代禮俗，新郎跪拜，新娘站立作揖；賀客歡樂宴飲，圍坐著觀看樂舞表演；五人為舞者伴奏，一人背對畫面獨舞，打扮為戴冠穿袍，姿態為左手在上，右手在下，一腳正要踏地，表現翩然起舞的片斷。舞者的服裝和舞姿和五代南唐《韓熙載夜宴圖》裡的「綠腰舞」非常相似；《綠腰》為唐創軟舞，有漢族傳統舞風。

（三）飛天圖

　　樂神乾闥婆是飛翔於天宮的奏樂天人，被稱為「天宮伎樂」；在敦煌莫高窟的492個洞窟中，大約每窟都有飛天壁畫；始自十六國，終至元代，歷經十朝代、千餘年，現有飛天六千多名，是保留飛天最多的地方。隋唐兩代為中國式飛天發展的高峰時期，同時飛天完成了女性化、歌舞化與世俗化，表現出空靈、歡樂、華貴的精神和形象。

　　第321窟的飛天（圖17）於初唐或盛唐所繪，位於龕頂以及北壁之阿彌陀淨土變相上方，共有二十多名。飛天遨翔於藍天中，飛舞姿態優美多樣，有的自在的穿梭於花幡、樂器間，有的悠然的滑行太空，有的流星般倒身下墜，有的緩緩的駕雲降落……，既瀰漫平靜安和、不鼓自鳴的氛圍，也流洩飛行的速度感。

　　第320窟的飛天（圖18）於盛唐所繪，位於南壁阿彌陀淨土變相上方，飛天經變圖還保存完整的部分，可看到在寶蓋上面繪有四名飛天，因為原色變成暗褐色，所以俗稱為「黑飛

圖18：第320窟，南壁，上方的飛天，壁畫，盛唐。

天」，其優雅的神態常被引用於現代裝飾上。兩對飛天呈左右對稱，衣飾飄揚於空中，構圖精巧；每對飛天一名在前，一名在後，前者回頭顧盼，揚手散花，後者張開雙臂追逐呼應；畫面流露歡娛的氣氛，突出動人。

第158窟的獻瓔珞飛天（圖19）於中唐所繪，位於西壁上部，飛天頭上戴著寶冠，身上披掛瓔珞，乘彩雲飄然飛下，雙手拿著瓔珞，憂傷的敬獻釋迦，表達悼念之情，此景於《大般涅槃經後分》之〈機感荼毗品〉中曾有記載。

圖19：第158窟，西壁上部，供養飛天，壁畫，中唐。

圖20：第161窟，窟頂藻井部，四周的伎樂飛天，壁畫，晚唐。

第161窟的伎樂飛天（圖20）於晚唐所繪，位藻井四周，計有十六名，演奏的樂器有曲頸琵琶、篳篥、排簫、橫笛、笙、腰鼓、拍板、雞婁鼓、鳳首箜篌、手鼓等，在茫茫雲海上，伎樂天凌空飛行，意態瀟灑，饒富樂舞韻味。

（四）護法神伎樂之伽陵頻迦

伽陵頻迦伎樂是護法神伎樂之一，形象為鳥身人首，常手持樂器演奏或作舞，在莫高窟中，執樂器的伽陵頻迦共八十多名，伽陵頻迦樂舞出現在唐代，有兩種畫面，一為帶樂器起舞；一為雙手合掌，舉在頭上，彈指作舞。中唐繪製的第159窟（圖21、22），在南壁中格的觀經變相下方，出現伽陵頻迦舉雙手彈食指而舞，形象特殊；中唐第158窟（圖23），在東壁北側金光明經變相的下方階梯，可看到伽陵頻迦手捧著供養之花，揮舞著翅膀，姿態靈巧。

圖21：第159窟，南壁中格，下方的伽陵頻迦，壁畫，中唐。

圖22：第159窟，南壁中格，下方的伽陵頻迦，線畫，中唐。

圖23：第158窟，東壁北側，下方的伽陵頻迦，壁畫，中唐。

（五）化生伎樂

化生伎樂之「化生」意謂：無所依托，憑藉業力而出現的菩薩或童子等；常常或坐或立在蓮花上，持各種樂器表現樂舞，分布於佛龕內外等處。晚唐第196窟（圖24），在佛龕下部的壼門繪有「壼門伎樂」，兩名男青年舞者互相呼應，皆單腳立於蓮花上，上舉的手持有一朵蓮苞，平伸的手五指叉開，上著大翻領短衫，下穿寬鬆的燈籠褲，披巾長曳，服飾具有西域風味。

圖24：第196窟，佛龕下部，壼門伎樂，線畫，晚唐。

佛像的坐床劃分的方格內也會出現化生伎樂，唐以後畫有不鼓自鳴的樂器及梳雙髻的童子於蓮花上；另外，禮佛樂隊前面的蓮花池中，往往有一群未持樂器的童子，裸身在池水中嬉戲。初唐第329窟（圖25），所繪製的四童子舞，分為兩組，分別上下踏於蓮花或蓮蓬上，手撫蓮花或蓮苞。晚唐第173窟（圖26），繪有一個童子立於蓮花上，雙手握拳，長長舞帶往上飄揚。

圖25：第329窟，化生伎樂四童子舞，線畫，初唐。

圖26：第173窟，化生伎樂童子圖，線畫，晚唐。

（六）樂舞圖

敦煌莫高窟中，唐代經變畫裡的伎樂畫面約有九十五處，舞伎數約有一百二十九名，樂伎數約有一千零一十六名。繪有伎樂的經變畫有西方淨土變、東方藥師變、阿彌陀淨土變、彌勒經變、梵天請問經變、觀無量壽經變、報恩經變、金剛經變、金光明經變、思益梵天經變、天請問經變等。經變畫裡的樂舞一般繪於主尊佛之前沿，作用為禮佛與娛佛，舞蹈表演位於中間，樂隊伴奏對稱於左右。

第220窟北壁的東方藥師淨土變（圖27），繪於初唐貞觀十六年(公元六四二年)。四人為一組的舞伎站在前沿中間，即寶池前面的平台，分別於一圓形毛氈上作舞。右組兩名在散開的頭髮上戴著寶石花冠，裸露上半身，佩飾瓔珞、手鐲和臂釧，下著月白色長裙，赤足，挽著長披巾，舞姿為

圖27：第220窟，北壁下部，四人樂舞圖(胡旋舞)，壁畫，初唐。

大幅度的平轉。左組兩名戴寶石盔、瓔珞和手鐲，上著半臂錦甲，下著棕褐色荷葉卷邊的大口長褲，綠織品圍在腰際，罩上織錦薄紗石榴短裙，赤足，擺動長披巾，肢體重心放在右腿跟，提左腿往上的姿態。敦煌經變畫中，僅有第220窟北壁的樂舞圖為四人共舞，其他都是雙人舞（圖28）（南壁）或獨舞。北壁和南壁的伎樂天所跳的舞很可能就是胡旋舞，此舞發源自西域康國，即今撒馬爾干，即《康國樂》舞，經由絲路傳進中國。胡旋舞的特徵即舞者旋轉時，動作之快有如疾風電閃，流行於盛唐，唐玄宗深好此舞，受寵幸的的楊太真和安祿山都精熟，從宮廷至民間，胡旋舞成一時風尚。

圖28：第220窟，南壁，雙人樂舞圖(胡旋舞)，壁畫，初唐。

中唐第112窟的樂舞圖有許多獨舞的畫面，譬如北壁西側的報恩經變圖（圖29），於佛前的長方形舞樂場裡，中間的舞者頭上帶寶冠，上著緊身衫，在領襟、袖口有一圈花邊，下著花邊裙和小褲，露出一雙赤腳，兩手高舉，手指交叉，右腳上提，身體向右

圖29：第112窟，北壁西側，樂舞圖，壁畫，中唐。

傾斜，舞姿曼妙，神韻怡人，左右則各有四名樂伎，畫面情趣盎然。同窟南壁西側的金剛經變圖（圖30），中間的舞者上身赤裸，配戴瓔珞、手鐲和臂釧，下著紅褐色長燈籠裝，腰圍一圈綠，露出左赤足，雙手臂舉至頭部，執長披巾舞動，舞者眼神向右看，體態生動活潑。

第112窟同窟南壁東側的觀無量壽經變圖，規模較小，但繪畫內容緊湊充實，最受注目的是阿彌陀前方的舞樂台上，有一背琵琶的舞者（圖31），此舞姿被稱為「反彈琵琶」。舞者露出雙赤足，右腳高舉，左腳著地，身體往右傾，似乎作左右輪替騰踏的姿態；舞者邊彈邊舞弄飄帶，技藝嫻熟，輕妙優美；在其左右各有三名樂伎，

圖30：第112窟，南壁西側，樂舞圖，壁畫，中唐。

圖31：第112窟，南壁東側，反彈琵琶圖，壁畫，中唐。

圖32：第156窟，南壁西側，反彈琵琶圖，壁畫，晚唐。　圖33：第205窟，北壁，龜茲舞圖，盛唐。

下面平臺還有四名樂伎，背對而坐演奏樂器。整個歡樂場景描繪得非常細緻，尤其「反彈琵琶」的特色鮮明，在莫高窟中約有十幾幅壁畫表現這樣奇妙的舞姿。

晚唐第156窟南壁西側（圖32），思益梵天問經變圖中即有「反彈琵琶」之姿，但舞蹈形象異於上圖。圖內兩舞伎起舞於三角形圖案方毯上，左舞者正對畫面，雙手拍打腰鼓；右舞者背對畫面，可看到左頰，右腳往後提起，左腳踏地，右手指反彈著曲頸琵琶，因而能看見琵琶的正向全貌；舞者左右各有十名樂伎為之伴奏。

盛唐第205窟北壁西方淨土變圖中（圖33），有兩個舞者在方毯上起舞，左舞者正對畫面，身體稍微左傾，右手舉高彈指，左腳稍蹲，右腳上提；右舞者背對畫面，向左轉頭而可看到左頰，左腳稍蹲，右腳上提；兩人均腕上繫鈴，上身半裸，下著薄紗長裙，舞姿優雅和諧。此舞的特點在於彈指動作，宛似維吾爾和烏孜別克的民族舞，今新疆維吾爾地區庫車一帶即古龜茲，從古龜茲傳入的樂舞為《龜茲樂》，舞蹈服飾和姿態都具有濃烈的新疆舞風。

盛唐壁畫第217窟北壁阿彌陀淨土變圖中（圖34、35），在七寶池八功德水間的舞會正在舉行，有兩名站在蓮花上的伎樂天，手執長帶，快速迴旋的舞著，此舞稱為柘枝舞，畫面十分少見，依此圖可推測唐代柘枝舞的情貌。柘枝舞是西北少數民族的舞蹈，起源於柘支和呾邏斯一帶，此舞大多是年輕女性表演，舞者身著緊身薄軟的繡花窄袖上衫，孅纖細腰隨著鼓的伴奏而舞動。

圖34：第217窟，北壁，柘枝舞圖，壁畫，盛唐。　圖35：第217窟，北壁，柘枝舞圖，壁畫，盛唐。

據《樂府雜錄》記載，柘枝舞與胡旋舞、胡騰舞......等屬於健舞，唐代舞蹈按照風格劃分為兩種品類——健舞和軟舞，多是單人或雙人舞蹈，作小型的表演，兩舞皆廣泛的流傳在宮廷貴族和民間。兩舞相較，健舞的動作豪邁剛強，節奏明朗；軟舞的舞姿悠然柔軟，節奏緩和，譬如盛唐第201窟，在北壁觀經變相的樂舞圖（圖36），一舞者輕柔舒緩的舞動長帶，呈現另種韻味。

敦煌壁畫中的唐代舞蹈，姿態瀟灑活潑，形象典雅美妙，實為舞蹈藝術與視覺藝術的可貴寶藏。

圖36：第201窟，北壁，軟舞圖，壁畫，盛唐。

三、五代《五臺山圖》壁畫

敦煌壁畫的早期的山水在於襯托佛畫故事，只有象徵性的山岩，例如：初唐第335窟的維摩變（圖37），以文殊菩薩背後的山峰最特別，有形式化的列樹，並藉石綠色紋的累層來表現山高，乃承襲五、六世紀古老傳統風格。八世紀盛唐的山水技法進展快速，逐漸顯現自然風貌，如第172窟的「十六觀」山水（圖38），表現「觀無量壽經」內容，其中「日想觀」構圖完整，景象豐美，可獨立欣賞：初升紅日和安坐人物形成對比，前者是動態，後者為靜態；樹木枝幹柔弱，有漢魏之風；畫水則隨意富動感，遠水無波，與漢時畫小船或魚、北朝畫細弧線大不相同；此幅為沒骨山水，直接用青、綠、赭石畫出，未勾線。

直至五代，出現了典型的山水畫──《五臺山圖》，成為莫高窟中以山水為主體、規模最宏大的佛教史跡壁畫。《五臺山圖》位於莫高窟第61窟西上部通壁，高3.42公尺，長13.45公尺。五臺山又名清涼山，在今山西省五台縣和繁峙縣境內，和普陀山、峨嵋山、九華山合稱為中國四大佛教名山，此圖內容東起河北正定，西至山西太原，方圓五百里的當地名勝史跡，包含佛教盛況、風土民情、山水景物、寺廟建築等，是一幅描繪精美的古代社會風俗壁畫，故《五臺山圖》兼具歷史、地理的紀錄與藝術作品的價值。

依據《大方廣佛華嚴經》與《文殊師利菩薩現寶藏陀羅尼經》等佛經所記載，五臺山為文殊菩薩居所和說法道場，

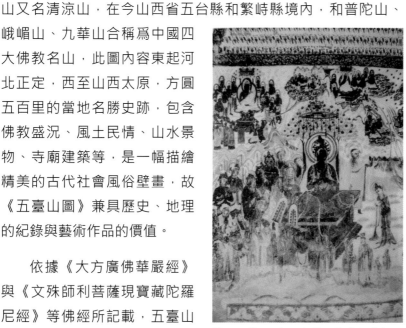

圖37：第335窟，北壁，維摩經變相，壁畫，初唐。

圖38：第172窟，北壁西側，觀經變相部分，十六觀：日想觀，壁畫，盛唐。

文殊曾於此地講「華嚴經」，影響遍及中外各地。以五臺山爲繪製主題，從中唐第159窟始，計有六個洞窟，分別爲中唐的第159、222、237、361窟，晚唐第9窟，五代第61窟；除了第61窟，其他皆爲屏風畫的形式。如第159窟的五臺山圖爲兩幅屏風形（圖39）。

五代第61窟是曹儀金之子曹元忠的功德窟，主室的佛塑像已失，卻因有《五臺山圖》而聞名於世。據統計，《五臺山圖》中有塔寺、寺廟、建築共有199處、橋梁13座，佛與菩薩20尊，僧侶和人物428人，乘騎48匹，運駝13峰；標題豎條130多條，兼具欣賞性和實

圖39：第159窟，西壁腰壁北側，五臺山圖，壁畫，中唐。

用性，如文章的段落感。圖中群峰聳立，河川遼繞，道路通達，寺院林立，其中有佛教聖迹、高僧說法、信徒朝拜、商人穿梭、農人勞動、牲畜活動；除了宗教信仰，穿插許多生活和生產的場景，充滿濃郁、熱絡的生命氣息。

《五臺山圖》中顯示佛教聖迹的地方，例如：畫面在大清涼寺右方，有飄然雲朵，上豎「通身光現」（圖40）標題；旁邊有金橋；最上面有佛手出現，這些都表示神迹化現。

表現實際情節處，如圖下部橋邊豎條「湖南送供使」（圖41），有一組人馬緩緩而行，引道人著圓頂灰黃衫，乘白地黃花馬，戴展角襆頭。前有拜迎人弓身合掌于馬前；後有駝夫戴斗笠、著褐衫，右手擧杖，左手拉著馱供品的三駝；再後爲侍者，著紅衫，騎白馬正過橋；一侍從戴翹角襆頭，穿長袖黃衫，大步隨行......。此篇章大都依照實際情節，據《清涼傳》記載，後晉天福三年（938年）五臺山的超化大師至湖南拜謁國主天公；天福十二年，湖南遣使至五臺山諸寺佈施。

圖40：第61窟，西壁南側右方，五臺山圖部分，通身光現，壁畫，五代。

圖41：第61窟，西壁北側，五臺山圖部分，湖南送供使，壁畫，五代。

《五臺山圖》中的寺廟建築是研究中國建築的珍貴材料，茲舉大寺如下：

（一）萬菩薩樓（圖41）

在西壁中央。角樓間有長廊，中庭佛殿是四層重樓，周圍坐著十二尊菩薩供養的情形則較少見，此樓被認為萬菩薩在此居住或文殊菩薩在此說法，故前面有旅人或信徒合掌膜拜。

（二）大建安寺（圖42）

在萬菩薩樓南邊畫有此寺，佛殿是雙層重簷式，殿前有比丘、捧經侍者和拱手信徒。這部分圖色彩依舊鮮豔，由於正好在背屏後，讓背屏擋住了光線照射。

（三）大清涼寺（圖43）

在右側中部，四周方形長廊圍繞，四個轉角處各有一座二層角樓，佛殿為二層樓閣式建築，一側有二層樓閣一座，另一側有三層樓閣一座，屬不對稱的布局。角樓、佛殿、山門都是重層寄棟的建築形式，建在砌磚的基壇上。屋頂鋪藍瓦，大棟和降棟都是綠色，為「剪邊琉璃」的建法。

（四）大佛光寺（圖44）

位於中部左側，院中佛殿是廡殿頂的二層樓閣，四周有方形迴廊，四轉角處有二層角樓，山門形如角樓。大佛光寺建於晚唐宣宗大中十一年（857年），內有唐塑像和壁畫，為現存最古老的唐朝木造建築，寺內尚存北魏的祖師塔和唐石幢等遺物；佛光寺於1937年被梁思成再發現（於山西五臺山南台豆村），更提高了《五臺山圖》的歷史與藝術價值。

圖42：第61窟，西壁中央，五臺山圖部分，大建安寺，壁畫，五代。

圖41：第61窟，西壁中央，五臺山圖部分，萬菩薩樓，壁畫，五代。

圖43：第61窟，西壁南側左方，五臺山圖部分，大清涼寺，壁畫，五代。

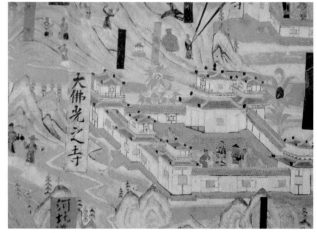

圖44：第61窟，西壁北側，五臺山圖部分，大佛光寺，壁畫，五代。

圖45：第61窟，西壁南側，五臺山圖部分，壁畫，五代。　圖46：第61窟，西壁南側，五臺山圖部分，壁畫，五代。

　　《五臺山圖》（圖45）的結構採以鳥瞰式，視點在圖上端，觀賞者一目瞭然，所謂「百里山川盡收眼底」，表現出構圖的靈活性。圖中透視以散點透視法，把景物依序佈置，做充分的描繪，如北宋所稱「山形步步移，山形面面看」的方法，讓欣賞者到處走到處看，打破時空的限制，而得到最大的視覺滿足。若是停留在一段畫前，由畫面的下端到上端，則好像在欣賞一幅主軸；如此一段一段的看，看完就可領會全幅的內容。但是為了突出各大寺院及山水人物，建築物的比例不甚協調。

　　另外，幾何透視在本圖中很普遍，寺院建築的線條皆以平行方式展現，而非近大遠小、遠點消失的物理透視方法。還有採用「前縮透視法」與「堆砌透視法」，如「南台之頂」，最前面的山最近，愈遠的山往左右兩邊擴散，用層層相疊、向上堆砌的方法以顯出全貌，於是我們可看到後面的山景，標題為「龍王池」、「靈鳥現」、「吉祥之庵」……等景色。

　　《五臺山圖》的勾線填色、青綠重彩來自於唐李思訓，但不太一樣，色調較淡，沒有唐濃豔，特別的是先上赭石為底色，再加上石綠、石青，以圓弧形的條圈式來塗色，似圖案畫，具有拙稚的裝飾意味。猶如糖葫蘆形的樹林亦用青綠色為調子，再加上深綠色點或線條。山石常只畫上黑色輪廓線或棱線，皴法很少，上施一層青綠色，一層赭石色，並加以暈染，顯出層次，和裝飾性又有不同。（圖46）

　　《五臺山圖》所傳達的時代美學思想與山水畫演變歷程，皆值得研究探索；特別此圖被稱為壁畫中最大的歷史地圖，而具有藝術與考古的價值。

四、元代的壁畫

　　元代的石窟壁畫可分為幾項類型，即尊畫像、供養者像與裝飾圖案；至於經變畫則自西夏以降種類逐漸減少，只有西方阿彌陀淨土變、藥師經變幾種而已，而畫面構圖呆滯平板少變化，且隨著密教廣為流行之後，大乘佛教的經變畫就逐漸衰退了。

圖47：第3窟，東壁北側，觀音菩薩，壁畫，元。　　圖48：第3窟，西壁南側上部，菩薩，壁畫，元。　　圖49：第3窟，西壁龕內南側，菩薩，壁畫，元。

　　元代尊畫像以非密宗的顯教諸尊畫像為主，例如：多樣變化的觀音菩薩形象（圖47、48、49）。觀世音菩薩是在中國最受崇奉的菩薩，觀音菩薩是慈悲、智慧、自在和圓融的象徵。早期敦煌莫高窟中的菩薩畫像，大多為佛的脅侍菩薩，侍立在佛主尊身旁的兩側，甚至在群像之中；後來佛教世俗化、民間畫，菩薩地位才逐漸提高，成為單獨的尊畫像，供眾生供養。

　　元代至正年間（1346-1368年），所開鑿的第3窟千手千眼觀音像（圖50），畫工精細，其特色是觀音像有十一個頭相互重疊，猶如一座塔，千臂千手則連成車輪狀，並且每個手掌中有一慈眼（圖51），這正是「千眼以遙觀，千手以接應」的寫照，千眼能觀眾生的疾苦，千手則能濟眾生的苦難。畫家使用多種線描來繪出不同質感，使形象更為真切感人。通常敦煌壁畫大多未簽屬畫家名字，而此窟壁畫在西壁外北側觀音左下方留有作者的款識：「甘州史小玉筆」，史小玉的生平雖不可考，卻在元代留下精美的石窟壁畫。

 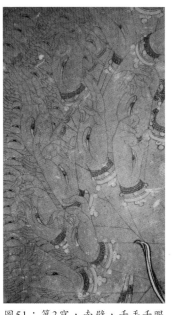

圖50：第3窟，南壁，千手千眼菩薩，壁畫，元。　　圖51：第3窟，南壁，千手千眼菩薩部分，壁畫，元。

在敦煌莫高窟的洞窟中，大約每窟都有飛天壁畫；始自十六國，終至元代；元代流行密教，較少有飛天，但顯教就有風格獨特的飛天，觀察元代第3窟的飛天（圖52、53），手持蓮花，乘著雲朵飛翔，下視人寰，具有中原風格，如同元人歌詠神仙的詩句：「神仙可有情緣意，手把芙蓉欲贈誰？」情景十分類似。飛天的線條構成造型，使面容和身體有誇張變形的相貌；更重要的是飛天所表現的意境，則是充滿想像的，蜿蜒曲折的長線延伸了空間，展現和諧和舒展的情趣，增加藝術的美感，意境猶如「極樂世界」中天人合一的愉快幸福境界。

第3窟壁畫兩側的有吉祥天(功德天)（圖54）、婆藪天（圖55）、護法金剛（圖56）、毘那夜迦等並居，構成緊密逼真的畫面；畫像多具中原風格，衣冠有如道家神像的外貌；都繪得栩栩如生、楚楚動人，是敦煌莫高窟壁畫中的精品。

圖52：第3窟，南壁西側上部，飛天，壁畫，元。

圖53：第3窟，北壁西側上部，飛天，壁畫，元。

圖54：第3窟，北壁西側，吉祥天，壁畫，元。

圖55：第3窟，北壁東側，婆藪天，壁畫，元。

圖56：第3窟，北壁西側，護法金剛，壁畫，元。

第61窟甬道上南壁的熾盛光佛（圖57），可能是在元代建設窟簷時所描繪的佛像，這是敦煌莫高窟最大的熾盛光佛，意為藉著佛身上所散發出的熾烈光芒以化解各種災難。在此壁畫上，巨大的熾盛光佛坐在二輪寶車上，右手指尖上方有法輪，寶車前方兩旁有諸天神導引，寶車後面有龍旌旗飄揚，並有金剛力士隨行，上空有許多天人與天宮十二星宿（即十二宮）。

圖57：第61窟，甬道南壁，熾盛光佛，壁畫，元。

敦煌莫高窟元代第95窟的壁畫，有「賓頭羅漢」（圖58），是十六羅漢之一，此窟當時有十六尊羅漢，現存只有十一尊。畫中「賓頭羅漢」手持拐杖，坐在竹床座上，垂長的眉毛讓比丘尼以雙手捧持著。宋元的羅漢圖像在繪畫和雕塑上都趨創作的黃金時期，造形生動特殊。第95窟的羅漢與公元前三世紀的印度阿育王同時期；羅漢形象接近當時世間人物，神態表情較為溫和，也接近於中國人的容貌。

除了顯教的諸尊畫像，還有屬西藏密教圖像，第465窟的壁畫展現薩迦派密教藝術，內容有以大日如來為中心的五方佛，其下在東、南、西、北四個斜面繪有四佛：阿閦、寶生、無量壽、不空成就；東面是阿閦佛與其眷屬（圖59），畫面中央的阿閦佛身上塗藍色，右手觸地結跏趺坐。還有各種明王的憤怒像；以及「聖嗣金剛降魔圖」，即歡喜天人或歡喜金剛，圖60是釋迦牟尼為調伏欲界眾生而顯現的雙身合抱像，色彩強烈，輪

圖58：第95窟，南壁西側，賓頭羅漢，壁畫，元。

圖59：第465窟，窟頂東面，阿閦儀，壁畫，元。

圖60：第465窟，北壁中央，歡喜金剛，壁畫，元。

圖61：第465窟，西壁中央，歡喜金剛部分，壁畫，元。

圖62：第465窟，南壁中央，歡喜金剛部分，壁畫，元。

圖63：第465窟，窟頂南面部分，供養菩薩，壁畫，元。

圖64：第332窟，甬道北壁西側，供養者，壁畫，元。

廓描線純熟，整體畫面具有濃厚的裝飾性；圖61是歡喜金剛下部的舞者；圖62是歡喜金剛上部的天女，婆娑起舞於火焰中，線條用強韌的鐵線描法，更加細緻巧妙。

第465窟窟頂可見到各種伎樂、持花菩薩等，窟頂南面寶生佛右脇的供養菩薩（圖63），造型與色彩極美，菩薩頭上結髮髻，並有垂肩捲髮，戴寶冠，裸現上半身，披掛胸飾、瓔珞，手持蓮花，姿態恭敬的供養著中尊；菩薩的眉稜高，下顎突出，顯示異於中原人物的容貌。從這些壁畫可看到畫像的繪畫手法深受印度與尼泊爾影響，並且含有西藏原始宗教--苯教的成分，而整體表現出薩迦密教藝術的特殊風格，可窺見屬於蒙古族自身的文化淵源。此石窟畫風細密，色調鮮明濃厚，極其美豔，令人驚歎，藝術效果表現強烈，意境極為獨特，成為薩迦派密教藝術的代表作。

元代的供養者像大約只有一、二處而已，供養人大都是黨項、回鶻和蒙古族等民族形象。第332窟甬道壁畫有供養者（圖64）及

女子供養者（圖65）。供養畫像的特徵是容貌寬胖，頭戴笠帽，身穿窄袖袍，腳穿六合鞋，是當時「搭護」的裝束，即蒙古族騎士的穿著，服飾以青綠色為主，描繪的手法很簡略；女子供養者穿著蒙古族的服裝「質孫」（只有一種顏色的衣服），衣裳或有刺繡紋樣，長裙及地，頭戴「顧姑冠」，這是蒙古貴婦的服飾裝扮，其背後還跟隨著婢女。

敦煌莫高窟晚期的裝飾圖案是基於曹氏畫院 而發展出來的，元代的第61窟，在甬道壁畫上，熾盛光佛乘坐的寶車後方龍旌旗上的龍紋圖樣（如圖

圖65：第332窟，甬道南壁西側，女子供養者，壁畫，元。

57），是晚期裝飾藝術的代表作。晚期的裝飾圖案也能表現出新時代的特色，最常見紋樣是龍與鳳凰的圖案。

以石窟藝術的發展來看，元代雖然開窟數與壁畫數都很少，卻具有精闢的描繪表現方法，石窟藝術進展至此，雖是晚期卻具有顯著的特點並呈現高度的藝術價值。

結 語

敦煌莫高窟的藝術從十六國開始發展，至唐代以後邁入晚期，由於河西區域動盪不安，使得政治、經濟和文化的發展衰退，導致敦煌莫高窟的的藝術也逐漸沒落。在此時期四百多年裡，歷經四個朝代，其間有三個異民族政權統治過中原，由於這些統治者都努力推行佛教，因此也持續開設洞窟與造塑像、製壁畫，尤以元代為最富特色；元代之後，莫高窟的建造走入歷史。

（「參考文獻」合併於本書後面「參考書目」）

（內容引自：楊佳蓉，〈敦煌《降魔變文》與經變壁畫之探析〉，發表於《育達科大學報》第37期，2014.3；〈敦煌壁畫中的唐代舞蹈形象〉，發表於國立歷史博物館《歷史文物》月刊No142，2005.5；〈莫高窟五代壁畫—「五台山圖」賞析〉，發表於國立歷史博物館《歷史文物》月刊No123，2003.10；〈敦煌莫高窟之元代石窟藝術探析〉，發表於國立歷史博物館《歷史文物》月刊No239，2013.6。）

第十章 藝術與生活中的勞動與裝飾—

為人生而藝術之心理學說23
賞析寫實主義與象徵主義的藝術

「為人生而藝術」之心理學說2：勞動說（Theory of Labory）

　　生活中的勞動與藝術有密切的關係，「勞動說」成為「為人生而藝術」的心理學說。「勞動說」是十九世紀末以來，許多民族學家和藝術史家所提倡的一種理論。德國的畢歇爾在《勞動與節奏》中說：「在其發展的最初階段上，勞動、音樂和詩歌是極其緊密的互相聯繫著的，然而這三位一體的基本的組成部分是勞動。」那克斯·德索在《美學與藝術理論》中認為：「最早的歌唱是勞動的歌唱，它使勞動變得輕鬆，而且便於能量的貯藏。」梅森也認為：「最原始的詩歌是勞動詩歌。」原先是勞動的么喝，後來變化成節奏明確的歌曲；原先是勞動的動作，後來發展成規律確切的舞步。

　　東漢經學家鄭玄說：「古人勞動必謳歌，舉大木者呼邪許。」可充分說明勞動與藝術起源的密切關係。赫恩在《藝術的起源》中提出：「最原始的舞蹈，並不是單純的藝術行為，以北美印第安人的舞蹈為例，便是為了狩獵而練習的動作。」這是藝術起源於勞動的最佳說明。許多的民間歌曲，如台灣鄉間的「採茶歌」、「船歌」、布農族的「小米豐收歌」；以及原住民各族的「豐年祭」和賽夏族的「矮靈祭」等，同時都有勞動與宗教的意味。

「為人生而藝術」之心理學說3：裝飾說（Theory of Decoration）

　　裝飾是人類基本的生活慾望，也是原始的本能，有些人在自己的身上作裝飾，有所謂「刺青」或「紋身」的行為，例如：泰雅族的「紋面」就是一代表，象徵著某一種身分或角色；初民在打獵或戰鬥前在身上及臉上塗上強烈的紋樣及色彩，目的為赫阻動物或敵人。

　　裝飾的行為最先應用於人體裝飾(Personal Decoration)；接下來，應用於居住與器物的裝飾(Ornamentation of Implements)；最後才脫離裝飾的作用，而獨立為繪畫與雕刻的純粹藝術行為。對藝術裝飾學者而言，他們認為人類自始便具備了美化自我與環境的本能，這與人類以美化自己吸引異性的慾望有關。故裝飾行為本身同時具備了審美與實用雙重的藝術特質。

　　芬蘭的赫恩認為：「原始時代，任何種族的飾品，大都具有實用性的功能。」德國的格羅塞提出：「野蠻民族的器物裝飾，並不完全依附在實用的目的而存在，他們懂得如何依據自己審美的需求，加之於器物或自己的身上，使自己或器物更符合美的要求或更具備藝術的價值。」因而不論是否以實用為目的而有裝飾行為，在裝飾的過程中，必然經歷了解決現實與心理需求的過程。如同我

們穿著衣物，它必然解決的是否穿著合於氣候與身材的現實條件；接著，對於樣式與色彩紋樣的要求，自然是屬於較高層次的審美與創造歷程。

在我們談論了三種「為藝術而藝術」的藝術起源，及三種「為人生而藝術」的藝術起源後。我們總結於奧國學者佛洛伊德(Sigmund Freud, 1856-1939)所提出的：「藝術起源於人生慾望的不得滿足」的論點；人生的慾望就孔子所說的「食色性也」的觀點來看，得知食慾與色慾是人類最初始的慾求，而人類進一步的慾望則是知識慾、道德慾與美慾；因此在自由的創造活動裡，藝術進一步成就了我們生命的完整。

賞析寫實主義與象徵主義的藝術

一、寫實主義（Realism）

法國大革命後，產業革命推進，社會趨向物質化、現實化；影響到繪畫，產生了寫實主義，畫家認為要去描繪平民生活，不需加以美化，甚至於擇取貧困階層的醜陋事物，放棄賞心悅目的題材。

圖1：庫爾貝，《採石工人》，1849年，油畫，65×94 in，損毀。

在社會思想上，興起的社會主義，更加關心農民、勞工生活上的困頓，法國1830年七月革命和1848年二月革命是這種社會運動的一種表現；繪畫上也對社會起了批判，當時多米埃（Honore - Victorin Daumier 1808–1879），對現實做冷靜的觀察，激烈諷刺世態，有人把他列入與庫爾貝同類的寫實主義畫家，畫作如：「三等車廂」。

庫爾貝在1855年的展覽目錄上說：「真實地表現出我這個時代的風俗、理想和面貌──創造活的藝術，這就是我的目的。」這番話被公認是法國寫實主義繪畫活動的宣言。他一生中畫了上千幅作品，反映現實生活，肯定普通人民在藝術題材的地位。

庫爾貝（Courbet Gustave，1819-1877）是寫實主義的代表性畫家，他堅持「繪畫的旨趣必須與畫家的日常生活所見相關。」代表作品《採石工人》（圖1）就是以勞動者為主題，將一老一少工人畫得和真人一樣大，非常結實；揭示農工階級生活的困苦，他們內心翻騰著一股力量，企圖改善生

圖2：庫爾貝，《篩穀的婦女》，1854/5年，油畫，131×167 cm，南特美術館。

活，故保有人格尊嚴而工作，畫中沒有感傷的情景，僅有象徵性的意義。

《篩穀的婦女》（圖2），描繪農村生活，三人在穀倉裡，巧妙的構圖使三人之間有所聯繫，明亮的黃赭背景色，使三人服裝的紅、綠和暗綠色更突顯；女孩雖背對著觀眾，卻以甩動篩子的

姿勢和律動，予人勞動的美感和對生命的期待，儘管評論家批評庫爾貝筆下的婦女粗俗淺薄，卻也承認女人結實的軀體充滿活力。

《鄉村姑娘》（圖3）這幅畫完成於1852年，庫爾貝將他有興趣的風景和人物組合在畫中，他的三個姐妹——Zélie, Juliette, and Zoë在這幅畫裡，其中一人提議施捨給貧窮的牧牛者；三人散步的小山谷接近畫家住處，她們曾在此地開創一系列的工作機會提供給婦女維生。沙龍評論家攻擊這幅畫是「醜陋的」，漫罵女孩的卑俗氣息和鄉村服裝，還有「可笑的」小狗和牛；並批評它的構圖缺乏組織，也沒有傳統的透視和比例，但觀者卻可從畫面感受到鄉間生活的真實感。

圖3：庫爾貝，《鄉村姑娘》，1852年，油彩，194.9×261 cm，美國紐約市大都會藝術博物館。

二、象徵主義（Symbolism）

十九世紀後半葉，1885年以「象徵主義」為名的文藝思潮崛起，畫家用視覺形象來表現神秘和玄奧，使外在形式和主觀情境彼此呼應，把現實描繪得猶如夢幻和傳奇一般。象徵主義是對寫實主義和印象派的反動，其用色鮮明、具裝飾性，與高更或那比派類似。

圖4：魯東，《中國花瓶中鮮花》，1906年，油彩·畫布，72.7×54 cm，美國紐約大都會美術館。

（一）魯東

代表畫家魯東（Bertrand-Jean Redon，1840-1916），被稱為「象徵主義者之父」，他挖掘花卉世界的奧妙，也探索潛意識的玄秘。他打破現實與虛幻的藩籬，一方面從自然界的植物、花卉採擷最豐碩、最特殊、最偶發的美感體驗，另一方面分析夢幻與事物的底層含義，運用現實的形體做為潛意識中最瘋狂部份的比喻，故在現實與想像之間悠遊自得。曾有一位法植物學家認為世界上最美麗的花卉有兩種，一為自然的傑作，另一則是魯東畫下的花卉。

《中國花瓶中鮮花》（圖4）這幅畫是魯東於1906年完成的畫作，瓶中所插是田野的花，由於魯東喜愛鄉村，他從寫生中描摹野地植物，使用現實手法表現花卉；也用隱喻手法，花卉的形式如同飛舞的蝴蝶幻象，色彩顯得很明亮，予人活力盎然的感覺。

《側面女子與瓶花》（圖5），內容包含魯東的兩項典型特徵——代表植物世界的花卉與表達人類天性的女子，畫面上的側

圖5：魯東，《側面女子與瓶花》，1895－1905年，油彩·畫布，65.5×50.5 cm，英國倫敦泰德畫廊。

面女子肖像身處於面對花卉的景緻中，花卉和女子都是主角，兩者比例相同，花卉色彩繽紛，跟女子的色調彼此諧和呼應，魯東在花卉和女子的形象裡注入自然的神奇與人性的情感，顯露藝術家幻想與理智並存的個性，畫面也流露著淡淡的憂愁。

（二）克林姆

克林姆（Klimt Gustav，1862-1918）認為「一個藝術家應有發自內心的展現能力，這也是畫家的唯一要求，那就是把獨自的內心世界呈現出來。」克林姆的繪畫富情欲與想像，具有強烈的藝術質量，他以精巧美妙的手法表現性格與形式的華麗，繪出如真似幻的女人、風景和花卉，表現「愛」、「性」、「生」、「死」四大主題，畫中充滿象徵性、裝飾性，至今那金色絢彩和花樣圖飾依然躍動在抒情感性的藝術領域與生活現實中。

20世紀初屬於新藝術運動的「維也納分離派」（Vienna Secession），由克林姆與一些藝術家共同成立。「維也納分離派」具有象徵意味，克林姆的繪畫有絢爛的金色色彩和豐富的裝飾性圖案，帶著美麗的哀愁，史稱「裝飾象徵主義」。

新藝術運動發源於巴黎，而在維也納大放異彩。新藝術運動採用自然元素作為創作的靈感，在裝飾或繪畫作品中常出現海藻、草、花卉等植物和昆蟲，化為波浪線條和曲線圖案。克林姆的「分離派」應用在繪畫、建築以及設計、服飾、家具上十分廣泛，在內容與形式上，強調「實用性」與「合理性」，盡量與現代生活結合，也能發揚個性和風格。

圖6：克林姆，《吻》，1907-1908年，畫布、油彩，180×180 cm，維也納奧地利美術館。

克林姆的「金色時期」被認為是他的巔峰時期，這一時期創作出許多名畫，在1908年的《吻》（The Kiss）（圖6），看出他擅長描繪男女關係，畫中描繪一位跪姿女子，穿著有彩色圓形花紋的外衣，以及一位俯身捧著女子的臉擁吻的男性，身著有黑白長方形色塊的外衣；地上繁花圖樣更增浪漫氣氛；整幅畫含有不同的裝飾圖形，透過交錯、相融和堆疊，迂迴傳述男女甜蜜激情的互動關係。

作品《女人的三個階段》（圖7），人物彷彿在神話環境或詩的內涵裡，配以東方文化印記的裝飾，在重彩、線描、拼鑲、剪輯效果下，呈現獨特的趣味。點綴繁花的背景與衰老的婦人形成對比，花樣年華的年輕女人與髮上的花朵相呼應；這幅畫提及人類生命的瞬間性，用女嬰、美女到老婦的急速歷程來表現，似乎提醒人們人生如夢、人世虛無空幻，但克林姆對敬神和批判社會並無興趣，他僅為顯現內在的想像。

圖7：克林姆，《女人的三個階段》，1905年，畫布、油彩，180×180 cm，羅馬，國家現代藝術館。

第十一章 色彩創思與生活中的美（一）—

色彩理論
印象派至後印象派之色彩美學與繪畫

　　十九世紀的畫家於色彩方面尋求繪畫藝術的突破，興起印象派（Impressionism），印象派是現代繪畫的開端，它將光與色的科學觀念引入繪畫中，主要追求光色變化的色彩效果，創立現代戶外寫生的色彩學，脫離傳統固有色與學院保守的暗褐色調，而採用光源色與環境色，完成繪畫色彩的革新。本文將析論影響印象派的色彩理論，及探析印象派至後印象派的色彩美學與繪畫。

色彩理論

　　色彩的觀念自西元前五世紀的古希臘哲學可看到有關記載，當時的畢達哥拉斯學派主張有四種主要色彩存在於物質世界，即紅色、白色、黃色和黑色，各代表四個基本元素：空氣、火、水和土；亞里斯多德在《論色彩》一書中，也認為所有色彩都來自於此四個元素的不同混合，他列出七種主要色彩：白、黃、紅、紫、綠、藍和黑色。

　　文藝復興時期，藝術家亞伯提在《論繪畫》中提出四個主要色彩：黃、綠、藍和紅色，後來他將黃色換成灰色，形成灰色代表土，綠色代表水，藍色代表空氣、紅色代表火。既是藝術家，也是科學家、發明家的達文西，他的著作《繪畫論》在他去世後一百多年才出版，書中列出六個基本色彩：黑、藍、綠、紅、黃和白色，黑色代表夜晚或黑暗，藍色代表空氣，綠色代表水，紅色代表火，黃色代表土，白色代表光線。

　　以下繼續談色彩學上重要的色彩理論，這些理論也是影響印象派色彩表現的主要觀念。

一、牛頓的色彩理論

　　牛頓（Sir Isaac Newton，1643-1727年）是第一位用科學的方法研究色彩的人，他認為色彩來自眼睛對光線中各種色光的知覺，當光線照在物體上，有些色光被吸收，有些色光被反射回來，進入眼睛裡而產生色彩的感覺。1665年他利用三稜鏡將白光分解成可見的光譜，發展出顏色理論，光譜上的一序列色光是：紅、橙、黃、綠、藍、靛、紫七種色彩。1704年牛頓出版了《光學》，其中有牛頓色環，後人利用環狀的色彩排列以研究色彩，即來自牛頓的觀念。印象派和後印象派畫家就是依光譜上的色彩作畫，用解析色彩的小筆觸來呈現自然形象的主體，光的表現是繪畫的重心。

二、歌德的色彩理論

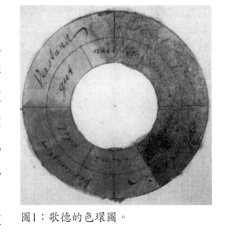

圖1：歌德的色環圖。

歌德（Johann Wolfgang von Goethe，1749-1832年）的色彩理論影響了很多印象派和後印象派畫家，歌德不僅是一位詩人、戲劇家、思想家，他也是研究色彩學的自然科學家，他在1810年出版的《色彩理論》中，強調視覺現象的研究。歌德色環圖（圖1）的色相以相等的間隔排列，紅、黃、藍和對應的補色綠、紫、橙分別在直徑的兩端，這是最早表現每個色相和其補色關係的色環圖。歌德的色彩三角形（圖2）中有九個小三角形，紅、黃、藍三原色在三個角；再把兩原色混合成的第二次色放在三邊的中間，即紅加黃是橙色，黃加藍是綠色，藍加紅是紫色；再把兩個第二次色混色成的第三次色放進三角形中，一共就有九種色彩。歌德發現光照在物體上而產生的陰影是有色彩

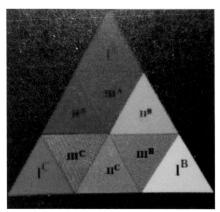

圖2：歌德的色彩三角形。

圖3：梵谷，《夜晚》，1889 年，油彩·畫布，74.5×93.5 cm，荷蘭阿姆斯特丹梵谷美術館。

的，不見得都是黑色或灰色，這些彩色的陰影包括補色，而且經常在沒純白光照射或尚有第二光源下產生。於是印象派和後印象派畫家紛紛畫出彩色的陰影，梵谷曾說：「這個世紀畫家所創作的最美的東西之一，就是畫面的黑暗部分，仍然具有色彩。」在他的畫作《夜晚》（圖3）中，畫有彩色的陰影，左邊的男子的陰影是藍色的，與他身上的橙色衣服是補色關係。

三、謝弗勒爾的色彩理論

十九世紀法國化學家謝弗勒爾(Michel Eugène Chevreul，1786-1889年）等人對光和色進行許多研究，總結出新的色彩科學理論。謝弗勒爾把色彩原理應用到藝術中，1839年出版了《色彩同時對比的法則》一書，將色彩區分為彩度、明度和色相三種屬性，並提出色彩的同時對比與光學混色兩項重要的色彩理論。色彩的同時對比是說兩個色彩同時並列時，視覺產生色彩變深或變淡的錯覺現象。光學混色是指兩個獨立的色彩放在一起，會讓視覺自動產生混色的效果。謝弗勒爾的色彩理論影響到新印象派的畫家，秀拉和席涅克在畫面上分布配置了各種色點，將兩個互補色並列，例如黃色和紫色、紅色和綠色、藍色和橙色並置在一起，產生調和的感覺，讓觀看者的視覺自動進行光學混色，形成冷靜客觀的畫作。

四、洛德的色彩理論

洛德（Ogden Rood）運用旋轉的色彩盤，讓色彩在視覺中產生混色，證實光學混色的效果。

應用到繪畫上，將色點畫得非常接近，以造成混色的效用。洛德也強調應用補色，使畫面呈現自然色彩。當時的新印象派（點描派）畫家秀拉、席涅克等，以及畢沙羅、梵谷等都曾在創作時用洛德的色彩觀念。洛德還定義了色彩的三屬性—色相、彩度、明度。

五、伊登的色彩理論

在德國的藝術和建築學校包浩斯任教的伊登（Johannes Itten，1888-1967年）著有《色彩論》，發表了十二色環圖（圖4），圖中的色階分明，很容易辨認出任一色相，十二色相與光譜、彩虹的順序相同。伊登的色彩調和理論說：兩個或兩個以上的色彩如可混合成中性灰色，則這些色彩就會彼此調和，例如紅、黃、藍混合的三色，於是將兩色、三色、四色和六色置於旋轉的圓盤上，找出調和的的色彩，稱為色彩和弦；並且研究出色彩強度與調和的關係，也就是黃、橙、紅、紫、藍、綠的面積比例是3：4：6：

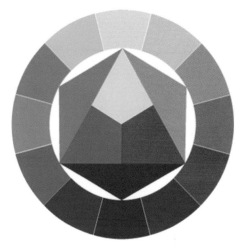

圖4：伊登十二色環圖。

9：8：6，可產生相等的強度。伊登的色彩理論對於當代藝術和設計有很大的影響。

現在的美術色彩理論，像色彩三要素--色相、彩度、明度以及對比色等色彩知識，都源於印象派對色彩的研究成果。如色相是依每一顏色的特質而定名，它是光譜上可見的連續色帶，通常分為六種基本色相，即紅、橙、黃、綠、藍、紫。明度若指色調的明度，則指物體受光時所呈現漸層的明暗調子，和物體本身的顏色無關；若指色彩的明暗度，受光和不受光的色相明度不同。由最高明度到最低明度的色彩：白（10度）、黃（9度）、橙（8度）、綠（6度）、紅（6度）、藍（4度）、紫（3度）、黑（0度）。彩度指色彩的色度、純粹度和飽和度，彩度高的顏色較為飽和、耀眼、鮮明；彩度低的顏色較為稀薄、混濁。補色（對比色）：兩個互補的顏色並排時，會出現強烈的對比；二原色相混時，變成第三原色的互補色，紅的補色是綠，黃的補色是紫，藍的補色是橙；補色互相混合會變成黑色，在寫生中，補色關係有助於分析和識別色彩。

印象派至後印象派的色彩美學與繪畫

印象派畫家根據科學的理論和發展，了解光和色的關係，依憑眼睛的觀察，再現對象的光和色在視覺感官中所產生的印象，而畫出富印象派風格的作品。以下探討印象派的由來、印象派的色彩表現與作品。

一、印象派的由來

歐洲繪畫重心在十九世紀中葉之後已轉移至法國，新的藝術活動與畫風於1860年代的法國開展起來。1863年屬官方學院派支持的沙龍展，有四千多幅作品落選，引發大眾不滿，也引起拿破崙三世的關切，後來舉辦了落選沙龍展。展中馬奈（EdouardManet，1832-1883）的《草地上的午餐》造成轟動和爭議，卻得到一批青年藝術家的讚賞。

1874年，有29位藝術家舉辦第一次聯合展覽，名為「無名畫家、雕刻家、版畫家協會展」，共160多件作品，此展引起社會巨大反應。展覽的畫家包括雷諾瓦、莫內、塞尚、竇加、畢沙羅、希斯里等，「喧噪」雜誌的評論家路易斯·勒羅伊（Louis Leroy）藉莫內（Claude Monet，1840-1926）「日出·印象」這幅畫，嘲諷他們為「印象派畫展」，從此「印象派」一詞被沿用。印象派畫家受光學和色彩學影響，認為有「光」才有「色」，而一切物象是各種不同色彩的結合，以創始人馬奈為中心的初期印象派也被稱為「外光派」；有些畫家認為物象的結構和畫面的形成是由許多色點形成，這明顯反映於新印象派（即點描派，Neo-Impressionism）。

十九世紀照相術產生，照片產生於1820年代至1860年代之間，對繪畫藝術是一重大的挑戰，促使畫家放棄照片樣式的古典畫法，轉而尋找色彩表現的繪畫新途徑。一些畫家運用科技新知，以攝影技巧和新配色法從事創作。畫家發現自然界的景物在陽光的照射下，色彩的彩度和明度更具複雜性，因而致力於真實的描繪視覺瞬間印象。

十九世紀末、二十世紀初，畫家、藝評家認為繪畫必須帶進主觀的、心靈的感受，當時日本浮世繪和中國水墨畫也對歐洲繪畫造成影響，日本版畫、中國絲織品等東方藝術，它們具有獨特的展示性、平面性和透視方法，還有單純的色彩，對於西方藝術家在擺脫傳統的時間點上，提供一個新的啟迪和追求。加上藝術家領悟到攝影不能取代藝術，以及反對客觀的描繪，形成後印象派各大畫家獨特的風格，在色彩上有獨特的描繪形式，例如梵谷（Gogh Vincent van，1853-1890）畫了許多風景與花卉，他的繪畫色彩鮮活，筆觸如同火燄般，風格非常奔放。

二、印象派至後印象派的色彩表現與作品

印象派畫家了解視覺對物體色彩的感知是來自於它們吸收和反射不同的光所造成的。例如物體將光全部吸收就呈現黑色，將光全部反射則呈白色，反射紅光波而吸收其他光波就呈紅色等。印象派創作時，曉得自然界的物體都須受到光源色和環境色（其他物體的色彩）等的影響，如在不同的時間，會在物體上產生不同的色彩，又如物體受光的距離或角度、物體表面的光潔度等條件都會影響物體色彩的變化；所以不可能有絕對純的固有色彩存在，光和色彩的關係極為複雜微妙。

印象派發現陰影受到反射和環境色彩的影響，也有豐富的色彩，且陰影的色性常與光源色的冷暖呈相反的情形。印象派畫家為求得鮮明的、真實的色彩效果，採用色點、色塊、色線並置的手法來描繪對象，如藍色和黃色並置而得到明亮的綠色，紅色和藍色並置而得到明亮的紫色，黃色和紅色並置而得到明亮的橙色；如此畫面變得非常鮮艷明亮，表現出魅力四射的光和色。例如莫內畫花園，畫出種在一起的藍色勿忘我和紅色鬱金香，利用此種殘像原理以營造出紫色的色彩印象。印象派捕捉物體上的光色變化與視覺印象，畫出的色彩非常鮮明、豐富而饒具個性，這種感受純粹屬於畫家個人的，他們的表現手法往往忽視對象的形體和輪廓，相當鬆散和自由的畫，只注重色彩效果，但其目的仍儘可能客觀真實的再現對象。

十九世紀以前用手工的方式製造顏料，由助理在畫室研磨顏料；1836年蒸氣研磨機發明後，顏料進入工業生產的時代，印象派畫家開始使用新生產的合成顏料來作畫，並對色彩的視覺法則進

圖5：雷諾瓦，《塞納河上划船》，1879–80年，油彩・畫布，71×92 cm，英國倫敦國家畫廊。

圖6：希斯里，《馬利港的洪水》，1876年，油彩・畫布，60×81 cm，法國巴黎奧塞美術館。

行研究。例如雷諾瓦畫《塞納河上划船》（圖5），從他的繪畫筆記中，可知使用的群青色是化學製造的色彩，這種顏料價格比自然生產的青金石便宜十倍以上，還有普魯士藍、鉻綠、鉻黃等都是化學顏料；紅色中的朱紅是用人工合成的，茜紅則是茜草根乾燥後研磨而成的天然顏料。

（一）初期印象派

初期印象派（外光派）的繪畫技巧即不用線條鉤勒輪廓，在畫布上將原色並列、補色並置，讓觀者自動在眼中調色，這種作法增加了畫面的彩度與明度，他們否定固有色，並捨棄黑色和深褐色的使用，並認為陰影是有顏色的，只是彩度和明度較低。代表畫家有莫內、希斯里、畢沙羅、雷諾瓦、竇加、莫莉索、卡莎特等。莫內與希斯里一樣被稱為水的畫家，以畫水的風景聞名，莫內被尊稱為「印象派之父」、「色彩的發現者」，為了捕捉瞬間的色彩美感，他快速的作畫；於希斯里的畫

圖7：畢莎羅，《二月・晨曦・巴金庫爾》，1893年，油彩・畫布，65×81.5 cm，荷蘭國立渥特羅庫勒穆勒美術館。

作《馬利港的洪水》（圖6）中，在蒼蒼穹天下，是一片斑斕閃爍的水面，希斯里將藍色與黃橙色和諧的結合在畫上，水面染以藍灰和黃色，房屋染以藍色和黃橙色，驚人的色彩表現手法十分耀眼。

畢沙羅與塞尚同被稱為大地的畫家，在畢沙羅的《二月・晨曦・巴金庫爾》（圖7）這幅畫中，早晨的光線由弱轉強，描繪筆觸急速顫動，色彩明朗燦爛，由於旭日的拋射，使得大地萬物拖曳著長長的淺藍色陰影，畫家對「倫敦技法」的「分析陰影」特感興趣，因而依照季節和時間來探索色彩的表現。竇加與雷諾瓦被稱為人物的畫家，竇加的取材偏好芭蕾舞者，頗具特色，如畫作《舞者與花束》（圖8），

圖8：竇加，《舞者與花束》，1878年，粉彩畫，81×66 cm，美國加州保羅蓋茲美術館。

白色舞衣的光影描繪得十分突出。莫莉索和卡莎特兩位是難得的女性畫家,《花園裡的小孩(護士)》(圖9)是卡莎特的作品,在當時的社會背景下,作畫取材只能來自家庭生活空間,畫中人物大都為婦女和小孩,但印象派的色彩依然呈現的非常鮮明亮麗。

圖9:卡莎特,《花園裡的小孩(和護士)》,1878年,油彩·畫布,65.4×81 cm,美國德州休士頓美術館。

(二)新印象派

新印象派畫家以科學的方法將各色調予以分析,用點描法作畫,各色調在某種比例的顏色組合下,把大小相同的顏色點子並列在畫布上,細密整齊;這種畫法使構圖堅實,並具裝飾風。代表畫家有秀拉、席涅克等。秀拉的巨幅畫作《傑克島的星期天下午》(圖10)是新印象派的一個範本,他為了讓色彩更準確,準備時期畫了四百多幅的顏色效果圖和素描稿,畫面顯現在午後強烈陽光下,遊人聚集於河濱的樹林間休息的情景,構圖仔細,明暗對比清楚,以色點完成全畫,有一種寧靜的秩序美。席涅克的《威尼斯粉紅色的雲》(圖11),畫中將各種色點描畫得十分接近,讓視覺產生自動混色的效應,各個純粹的色相使得彩度、明度都很高,畫作色彩鮮亮。

圖10:秀拉,《傑克島的星期天下午》,1884年,油彩·畫布,207.6×308 cm,美國伊利諾州芝加哥藝術機構。

圖11:席涅克,《威尼斯粉紅色的雲》,1909年,油彩·畫布,73×92 cm,奧地利維也納艾伯特美術。

(三)後印象派

到了後印象派畫家有了改變,他們希望回復到事物的「實在性」,反對分解成支離破碎的光與色,逐漸走出了印象派。塞尚重視自然物體的結構和量感,畫面的空間性淺少,形成二次元的空間。梵谷和高更用心探索精神價值,在畫面上營造深刻的意涵,於色彩和線條的表現更具自由風格。

1. 塞尚

塞尚（Paul Cezanne，1839-1906）被尊稱為「現代藝術之父」，著重形象的重量感、體積感、穩定感和宏偉感；他將物體的型態上加以分解，再重新構成，形成「有秩序的繪畫」，他認為繪畫必須用基本形體：圓柱體、球體、錐體等來描繪對象。《蘋果與橘之靜物畫》（圖12），是以鳥瞰的方式表現桌面，即鳥瞰式透視法，形成封閉性的淺近空間，並整合表面與景深，否定單點透視所形成的景像，企圖回歸二次元的繪畫空間，使作品具有繪畫性。《藍色花瓶》（圖13）也是一幅充滿塞尚風格的作品。

圖12：塞尚，《蘋果與橘之靜物畫》，1899年，油彩·畫布，74×93 cm，法國巴黎奧塞美術館。

圖13：塞尚，《藍色花瓶》，1883-87年，油彩·畫布，61×50 cm，法國巴黎奧塞美術館。

圖14：梵谷，《十二朵向日葵》，1888年，油彩·畫布，91×72 cm，德國慕尼黑新皮納克提美術館。

圖15：梵谷，《雨中之橋》，1887年，油彩·畫布，73×54 cm，荷蘭阿姆斯特丹梵谷美術館。

2. 梵谷

梵谷（Gogh Vincent van，1853-1890）的繪畫色彩鮮活，筆觸如同火燄般，氣氛陰鬱，風格非常奔放。他畫了許多向日葵（如《十二朵向日葵》）（圖14），畫面以黃色系為主色調，他喜歡黃色，認為那是純潔的化身，故表現得很明亮，向日葵由瓶花中心向四周旋轉，這是梵谷對於灼熱、運行的天體一種殷切的盼望；梵谷以厚塗和大筆觸表現顫動的色光效果，湧現生命流動的感覺，揭露藝術家勇敢表達自我的強烈情感。

梵谷是後印象派畫家中受日本浮世繪影響最深的人，他曾臨摹許多浮世繪，如：《雨中之橋》（圖15），臨摹浮世繪畫家歌川廣重的《大橋驟雨》，廣重善於捕捉江戶夏天大自然氣候的瞬間變化以及旅人的即時反應，以俯瞰的角度，生動的描繪大橋上一些撐雨傘、穿蓑衣的行人的慌亂相貌，梵谷利用印象派的手法重新表現光影效果，外框的漢字也描寫得十分直樸真實。

梵谷在1887年繪作了《坦根畫像》（圖16），當時他去蒙馬特與弟弟西奧住在一起，他在費爾南德·科蒙畫室學習繪畫，他與其他印象派畫家經常到坦根開的店鋪聚會，坦根允許他們賒購東西，以及用實物換得畫布；梵谷為坦根畫了這幅肖像畫，以表感激之情。這幅畫的人物造型簡潔有力，筆觸堅實，勾勒一絲不苟，色彩明快豐富，融入紅、黃、藍、綠純色；可見浮世繪的簡潔筆觸與明麗色彩等特徵重現於梵谷的繪畫中。畫面背景則佈滿浮世繪，藝妓形象的靈感來自《花魁》等浮世繪；由於梵谷的浮世繪有許多是向坦根的店鋪購買的，梵谷於畫中再現坦根身旁的浮世繪，並流露對日本繪畫的喜愛。

圖16：梵谷，《坦根畫像》，1887年，油彩·畫布，92×73 cm，法國巴黎羅丹美術館。

3. 高更

高更（Paul Gauguin, 1848-1903）深深被遠離文明的南太平洋原始生活所吸引，來到大溪地島，以當地的原始女性為題材，繪作大量大溪地女郎的作品，如《海濱兩女人—大溪地的女人》（圖17）。高更的「綜合主義」（synthetism）主張藝術應具備率直有力而普遍的相同象徵，並捨棄細節及特徵，以強烈而壓縮集中的方式，理性的表現印象、觀念和經驗三者的綜合，於是高更走出了印象派，簡單均衡的畫面具裝飾感和神祕感。

圖17：高更，《海濱兩女人—大溪地的女人》，1891年，油彩·畫布，69×91 cm，法國巴黎奧塞美術館。

高更生活在對日本藝術著迷的環境裡，也受到浮世繪影響，他在繪畫上應用色面區分法，事實上也得於浮世繪套色版畫的特色。高更的《佈道後的幻覺》（圖18），存在於祈禱者想像中的搏鬥人物形象取自葛飾北齋的版畫，構圖採取前後對比的疏離手法，色彩採用平面平塗法。高更在畫作中，常出現具有日本風情的靜物，或使用日本的扇面和浮世繪當背景，例如《日本靜物畫》（圖19）。

圖18：高更，《佈道後的幻覺》，1888年，油彩·畫布，73×92 cm，愛丁堡蘇格蘭國家美術館。

圖19：高更，《日本靜物畫》，1889年，油彩·畫布，72.4×93.7 cm，美國洛杉磯當代藝術博物館。

附註：

日本浮世繪

　　日本浮世繪於十九世紀末迅速風靡於法國巴黎，對於現代西洋繪畫有廣泛的影響，而浮世繪的繪畫表現手法，受中國傳統繪畫的影響，包含空間採二次元的平面化處理、以線條勾勒形象，及平塗色彩等。日本與中國的繪畫藝術接觸，最早可推至唐太宗貞觀四年（630年）開始，之後的發展不同，因在思維與精神方面完全不同所致，故中國繪畫走向文人畫的境界；而日本繪畫走向浮世繪通俗化、民間化、社會化的途徑，兩者的差異很大。

　　浮世繪在十七至十九世紀中業的日本廣泛流行，發展史橫跨二百五十年。浮世繪起源於日本江戶時代（1603-1867年），1603年德川家康以軍事力量統一日本後，將首都從京都東遷移到江戶（今東京），江戶便成為日本的文化中心，無論繪畫、小說、戲劇、賞花等，都在此得到蓬勃的發展，於十七世紀末發展出一種木刻版畫藝術的製作。

　　早期的浮世繪先有較為昂貴的「肉筆畫」，指在紙或絹本上手繪的原作，然後才出現木板刻畫。日本浮世繪畫師以當時狩野派、土佐派出身的畫師居多，因為這些被顯赫的畫派所排斥、驅逐的畫師，大都轉往浮世繪發展。

　　浮世繪之「浮世」（Ukiyo）原是佛教用語，有塵世變幻不定、速朽的意思，延伸為普世現象、社會百態、當代、現世、現代等意，西方藝術書籍直譯為「Pictures of the Floating World」或「The Art of the Floating World」。浮世繪描繪世間風情、人生百態，表現一般人的日常生活，反映出對現實社會的情感，當時日本浮世繪成為描繪江戶市民生活的寫實作品。最早期的浮世繪即以美人繪（圖20）和役者繪為主，「美人」指樣貌和才藝出色的高級藝妓，「役者」則指有名的歌舞伎演員。還包括花鳥、風景（圖21）、傳統祭祀慶典、歷史故事、神話、戲劇等，甚至也有諸侯武士用作酬謝用的春宮密戲畫；至後期，風景畫成為創作主流。

圖20：喜多川歌麿，《 政三美人》。

　　十九世紀中葉，日本的藝術踏上了西洋美術的舞台，由於日本與西方的商業貿易在1854年始被培利軍官（Commodore Perry）率領的軍艦敲開大門，1856年起，日本的器物與浮世繪版畫在西歐引起狂熱收藏，並使西洋藝術史於世紀末興起改革效應。浮世繪於歐洲的大量流行與日本人重視包裝藝術有關，因它是民間藝術，以版畫大量印製，十分大眾化，價格極為低廉，日本商人喜歡用

圖21：葛飾北齋，《富嶽三十六景--凱風快晴》。

浮世繪版畫來包裝陶瓷、珍玩和茶葉。1865年法國畫家布拉克蒙（Felix Bracquemond）將包裹陶器的外包裝上所繪的《北齋漫畫》介紹給印象派的畫家朋友，引起許多迴響。1867年浮世繪偶隨日本工藝文物到法國巴黎參加萬國博覽會，之後引發浮世繪熱潮。

　　浮世繪具備的特質包含：文化性格來自庶民；題材寓意取自人間事，內容情調大膽直敘；肢體表情富戲劇性張力，還有形體變形，如畫人可擠壓成長型變體；線描自在流暢；裝飾技巧採取平面平塗，色彩配置明朗濃豔；斜角構圖顯出遠近對比強烈，也有視點移轉，如畫橋可仰視；由於以上種種特質，而對西方畫家具有強烈的吸引力。

　　浮世繪對印象派的影響頗多，印象主義實行「為藝術而藝術」的創作路線，追求客觀的真實性，在筆觸上捕捉光影跳動的自然情趣，並放棄為傳統主題服務，因而印象派畫家的繪畫題材大有改變，近似浮世繪，取材開始通俗化，繪製出優雅細緻的生活品味。浮世繪對後印象派的影響更為深刻，後印象派的畫家極欲擺脫傳統繪畫三次空間的束縛，故引用浮世繪平面性的創作理念，追求繪畫性的二次元空間；後印象派的畫家也捨棄傳統的「定點透視法」，採用浮世繪的「散點透視法」、「前縮透視法」與「重疊透視法」等方法，使畫面不具「景深」，但具有觀念性、表現性的空間；後印象派的畫家傾向浮世繪，改以線條勾勒物象，著色以色彩平塗，發展出新的繪畫風格。

　　受日本浮世繪影響的西方畫家很廣，例如：馬奈（Edouard Manet，1832 - 1883年）（圖22）、惠斯勒（James A.M.Whistler，1834 - 1903年）、莫內（Claude Monet，1840 - 1926年）、高更（Paul Gauguin，1848 - 1903年）、梵谷(Vincent Willem van Gogh，1853 - 1890年)、克林姆（Gustav Klimt，1862 - 1918）、羅特列克（Touloues - Lautrec）1864 - 1901年）、波納爾（Bonnard，1867 - 1947年）等。

圖22：馬奈，《左拉像》，1868年，油彩·畫布，146×114 cm，法國巴黎奧塞美術館。

　　（內容引自：楊佳蓉，〈印象派之繪畫色彩表現〉上＆下、〈現代西洋繪畫受日本浮世繪之影響〉，發表於中華花藝文教基金會《花藝家》期刊No.112，2014.12；No.111，2014.10；No.110，2014.8）

第十二章 色彩創思與生活中的美（二）—

生活裡的色彩
賞析野獸派的色彩與繪畫

生活裡的色彩

　　本文將由色彩的具體聯想與抽象聯想、色彩三屬性的心理感受談起，接著探討生活中的色彩，包含衣、食與住的色彩。

一、色彩的具體與抽象聯想

　　當我們看到生活中的種種色彩，會將色彩與生活經驗有關事物聯想在一塊，此稱為色彩聯想，日久便在心中建立起色彩各自象徵的意念，因此色彩聯想大致由具體事物漸漸形成抽象觀念，以下將由色相中的主要色彩探討具體聯想與抽象聯想。

　　紅色：具體聯想如太陽、火焰、血液、蘋果等；抽象聯想如炎熱、危險、熱情、喜慶等。

　　橙色：具體聯想如彩霞、橘子、秋葉、南瓜等；抽象聯想如溫暖、歡樂、明朗、溫馨等。

　　黃色：具體聯想如黃金、香蕉、菊花、交通信號等；抽象聯想如財富、營養、光明、注意等。

　　綠色：具體聯想如樹葉、草地、山林、交通信號等；抽象聯想如成長、和平、希望、安全等。

　　藍色：具體聯想如天空、海洋、溪湖、藍莓等；抽象聯想如自由、廣闊、涼爽、沉靜等。

　　紫色：具體聯想如紫羅蘭、紫菜、葡萄、茄子等；抽象聯想如高貴、優雅、神秘、嫉妒。

　　白色：具體聯想如紙、白雲、護士、雪等；抽象聯想如純樸、潔淨、醫護、神聖等。

　　黑色：具體聯想如夜晚、頭髮、木炭、墨等；抽象聯想如恐怖、死亡、孤獨、嚴肅等。

二、色彩三屬性的心理感受

　　色彩三屬性指色相、明度和彩度，色相產生冷暖不同感覺，還會產生抽象的情感感受；明度產生輕重的心理感覺，在生活上也有類似的實際體驗；彩度產生動靜的心理感覺，在生活上也常處於這樣不同的色彩空間裡。明度和彩度合在一起稱為色調，產生不同的色彩意象，粉彩色調（明度高、彩度低）產生靜和軟的感覺；鮮色調（彩度高）產生動態和堅實的感覺；深暗色調（明度低、彩度不高）產生靜止和硬的感覺。因此色彩三屬性可以帶來不同的感覺、感受，以下將再加以探討：

色相：對暖色系的基本感受反應—溫暖、熱情、活力、華美；對中性色系的基本感受反應—溫和、平凡、安靜、可愛；對冷色系的基本感受反應—理智、素淨、寒冷、消極。

明度：對高明度的基本感受反應—明朗、清爽、輕快、女性化；對中明度的基本感受反應—隨和、保守、無個性、附屬性；對低明度的基本感受反應—安定、厚重、壓抑、男性化。

彩度：對高彩度的基本感受反應—活潑、積極、鮮豔、有力量；對中彩度的基本感受反應—中庸、穩健、文雅、日常的；對低彩度的基本感受反應—樸素、陳舊、寂寞、無力量。

三、衣的色彩

生活中的色彩與我們身體接觸最直接最頻繁的就是衣的色彩，衣服的色彩傳達出許多象徵和感覺，列舉如下：

紅色的衣服：象徵熱情、性感、權威、信心，容易引起注意，適合展現自信和權威時穿著；但紅色有時也會給人控制、暴力的印象，與人談判或協商時則不宜穿著。

橙色的衣服：給人開朗、親切、坦率、健康的感覺，需要溫情表現的場合，如從事社會服務工作時，適合穿著橙色的衣服。

黃色的衣服：象徵希望、信心、天真、快樂，適合生日會、同學會等聚會的場合，也適合想引人注意時穿著。

綠色的衣服：給人無限安全、自由和平、新鮮舒適的感受，適合休閒活動，及參加任何環保、動物保育活動時穿著，想讓心靈沉潛時也適合穿著綠色的衣服。

藍色的衣服：是靈性知性兼具的衣服色彩，象徵理想、獨立、信賴、權威，在談判或協商時，可以讓人心情平靜、思考力集中、專心傾聽對談。

紫色的衣服：紫色光波最短，在自然界中較少看到這種色彩，它象徵優雅、浪漫、高貴、神秘，想要與眾不同，或想要表現浪漫與神祕感時可穿著紫色的衣服。

白色的衣服：象徵純潔、善良、信任與開放，穿著白色上衣給人乾淨俐落的感覺，是上班族必備的衣服基本色彩。

黑色的衣服：給人權威、創意、高雅、低調的感覺，可以顯示專業和自信，適合主管、白領階級、藝術或設計工作者、公開演講人穿著。

粉紅色、桃紅色的衣服：粉紅色象徵溫柔、浪漫、甜美、無壓力；桃紅色象徵女性化的熱情、灑脫大方。進行創意工作時、從事諮商工作時、安慰別人時，都可選擇粉紅色衣服。

褐色、棕色、咖啡色系的衣服：這一色系有典雅、沉靜、平和、親切的意象，給人友善穩定的感覺，不想引人注意時、參加部門會議時、募款時、作問卷調查時，褐色、棕色、咖啡色系的衣服是不錯的選擇。

四、食的色彩

　　新鮮的食物通常有許多亮麗的色彩，健康的飲食需要均衡攝取各種色彩的食物（圖1），我們常以「色香味俱全」形容食物的美味，色彩是視覺的信號，能啟動食慾中樞下丘腦，讓我們樂於享受美食。《論語‧鄉黨篇》中說「色惡不食」，孔子表達對食物色彩的想法，當食物原來的色彩變了，表示已經不新鮮，甚至腐敗變質，勿吃，可見對食物色彩的重視古今皆然。

圖1：各種色彩的蔬菜水果。

　　選擇不同色彩的食物食用，既可保持身體健康，又可讓心理愉悅，並增進生活的美感。尤其新鮮的蔬菜水果具有豐富的色彩，根據食物色彩專家的研究結果，以下分析食物色彩與人體健康的關係：

　　紅色的食物：一般都含有豐富的礦物質和蛋白質，可提供人體能量，增加活力，避免疲勞或昏睡。紅色蔬菜如蕃茄、紅甜椒、甜菜、辣椒；紅色水果如草莓、蘋果、西瓜、櫻桃。

　　橙色的食物：一般含有豐富的維生素C和鋅，可以排毒，排除身體中的重金屬和汙染物，並釋放身體的壓力；也可讓生殖系統強化。在心理方面可開創樂觀的生活。橙色蔬菜如胡蘿蔔、南瓜、蕃薯；橙色水果如熟木瓜、橘子、金桔、桃。

　　黃色的食物：一般都富含維生素和礦物質，可以帶來陽光的能量，在心理方面讓生活充滿歡樂，解除勞累、煩悶、緊張、抑鬱。黃色蔬菜如甜玉米、黃辣椒、黃南瓜；黃色水果如香蕉、檸檬、葡萄柚。

　　綠色的食物：維生素和礦物質都很豐富，可以增加體力，增強應變能力，避免恐慌、呼吸困難和消極情緒。綠色蔬菜如青花菜、菠菜、高麗菜、韭菜、青江菜、芹菜；綠色水果如青蘋果、酪梨、梨子、奇異果。

　　藍色和紫色的食物：這兩種色彩的天然食物較少，一般都富含維生素，藍色食物有益於人的腺體和發音器官，有助於精神集中，可改善焦慮和不安感；紫色食物有助於心智敏銳，能安撫情緒。紫色蔬菜如茄子、紫花椰菜；藍色和紫色水果如藍莓、李子、無花果、百香果。

五、住的色彩

　　人們對住的需求，從遮風避雨到安全舒適，提供居住、休閒和工作的種種功能，滿足生理和心理的需求，住的色彩更讓生活多采多姿，使身心更健康，也表現居住者的美學品味。

住的色彩設計包含自然光線、室內燈光和色彩的搭配，藉以營造空間的情境和氛圍。現代主義的室內色彩偏好精簡原則，發揮色彩的妙處，達到協調的效果，以符合現代人的生活節奏和氣息。進行住的室內色彩設計時，可根據色彩理論予以配色，除此之外，日本的小林重順建立的「色彩意象量表」（Color Image Scale），也常被採用為設計的工具。

小林重順製作的「色彩意象量表」是以色彩和形容詞建構成意象空間，原為針對日人運用色彩的偏好，進行心理測量與統計分析而成，主要向度包含：「冷（Cool）、暖（Warm）」（橫軸），「軟（Soft）、硬（Hard）」（縱軸），「純（Clear）、濁（Grayish）」，中間帶為純，愈往上或往下愈濁。「色彩意象量表」（圖2）中，色彩意象區域包括浪漫的、可愛的、清爽的、自然的、暖閒適的、冷閒適的、雅致的、精致的、動感的、豪華的、粗獷的、古典的、考究的、古典的與考究的、正式的、現代的。

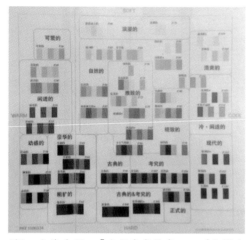

圖2：小林重順，「色彩意象量表」。（取材自小林重順/日本色彩設計研究所）

賞析野獸派的色彩與繪畫

1905年巴黎的秋季沙龍有一些作品，以鮮明強烈的色彩，尤其是純粹色和對比色，加上扭曲誇張的形象、狂放粗獷的筆觸，風格特殊。當批評家牟雪爾（Louis Vauxcelles）看到傳統派麻路克的雕刻品被這些畫作包圍，壓迫感立現，驚呼：「被野獸圍困著的唐那太羅（Donatello，1386-1466。文藝復興初期雕刻家），「野獸派」因而得名。參展的畫家包括馬諦斯、烏拉曼克、德安等人。

一、馬諦斯

野獸派精神領袖馬諦斯（Matisse Henri，1869-1954）更運用豪放的原色和線條，結合東方藝術的裝飾美，以主觀的認識作畫。馬諦斯潛意識中的性優越感使他把「自然」與「女人」合併的想法清楚的顯現，正如西蒙·波娃認為在傳統觀念裡兩者似乎都是在一個靜態原則下，實現維護和延長肉身的任務。鄧肯發現馬諦斯在其一生中都是把女人和生殖的象徵物象畫在一起，譬如將東方奴婢和花（植物的性器官）同時出現，《波斯宮女》（圖3）即是如此一幅畫。

圖3：馬諦斯，《波斯宮女》，1926年，油彩，50×61 cm，巴黎橘園美術館。

馬諦斯認為色彩的功能是在創造光線，尤其是透過明亮的色彩配置和色彩對比來表現光線，迥異於印象派以冷、暖色系的概念來理解色彩，他曾說：「野獸主義，是我把紅、藍、綠三種顏色並列、對比，使之更具有表現力的一種試驗。」可見鮮明強烈色彩是野獸派的重點。

伊斯蘭藝術的豔麗色彩和幾何式平面圖案也給馬諦斯深刻的影響。《有茄子的室內景》（圖4）這幅畫充滿豐富的花樣圖案，令人彷彿置身繁花怒放的花園裡，更像綴有大量花卉圖飾的東方地毯，顯然受伊斯蘭藝術的影響。如今時興造型藝術，馬諦斯的物體形式重新受到重視，跟他的色彩一樣為人矚目。

圖4：馬諦斯，《有茄子的室內景》，1911-1912年，混合材料，210×245 cm，格勒諾布爾繪畫和雕塑博物館。

圖5：馬諦斯，《巨大的紅色室內景》，1948年，油彩，126×89 cm，巴黎龐畢度藝術中心。

《巨大的紅色室內景》（圖5）是馬諦斯最後一幅油畫，畫中大比例的紅色是他所喜歡的顏色之一，桌上擺放幾只瓶花，快速的線條使整體顯得平面化，色彩中透露的畫布白底似乎產生光亮感。

二、德安

德安以「混合技法」開創了野獸派特質，「混合技法」如下：1.運用那比派大塊色面；2.運用新印象主義近似原色的點描，但把描點擴大，將線和點混合，變成流動的面，面上再加點，整體造成的裝飾效果頗強；3.運用類印象派的主題處理，同一主題在不同時間、光線和氣候下不斷的演繹，這些作法均引起畫面的張力感。因此德安的風格也被名為「前野獸派」，他的做法和觀念對野獸派是一大貢獻。德安將色彩當作獨立的裝飾要素，激起馬諦斯對象徵性色彩的情感。

德安於野獸派的代表作如：《倫敦橋》（圖6），以創新的「混合技法」繪製，不同於莫內、泰納筆下描述現實的倫敦橋。《查林柯洛士橋》（圖7），承襲新印象畫派原色點描的觀念，但把描點擴大，將線和點混合，變成流動彎曲的面，面上再加點，整體造成的裝飾效果頗強，因而引起海報設計人的喜愛。

圖6：德安，《倫敦橋》，油彩，1906年，66×99.1 cm，紐約現代美術館。

圖7：德安，《查林柯洛士橋》，油彩，1906年，81×100 cm，巴黎奧塞美術館。

三、烏拉曼克

　　法國的烏拉曼克(Maurice de Vlaminck,1876-1958)在1904到1907年間，繪畫皆呈野獸派風格，這些脫離自然形象的作品，有著強烈色彩和粗獷筆觸，以及毫無拘束的創造力。烏拉曼克如其他野獸派畫家一樣，想顛覆沉悶的學院藝術，於是大膽以原始的色彩、自由的線條與結構，來探索繪畫的本質。

　　梵谷繪畫的表現力，觸動了烏拉曼克等年輕畫家的內在狂熱，也促使野獸派的出現。烏拉曼克在這時期曾說：「野獸主義即我。」他自稱為野獸派立下大功。他的作品在技巧上顯現一種「樸實的狂暴」，他作畫時除了使用調色刀和手指塗顏料，還直接將顏料擠到畫布上，這些在當時都是新奇的作法，使得他的畫放射巨大的能量。他也是藝術家中最早開始收藏非洲的雕刻，影響了德安、馬締斯和畢卡索等畫家對於原始雕刻的興趣。

　　烏拉曼克的作品如《夏圖的塞納河》（圖8），顏料格外厚塗堆砌在畫面上，表達著內心的激情，並且他想挖掘水的特質，不同色調的藍色較冷較深，白色的船帆產生倒影，幾抹鮮亮紅色的物體顯得醒目對比。《布日瓦勒村》（圖9），是烏拉曼克所有作品中色彩最鮮艷、最富活力的一幅畫，他用色彩表現炙熱的情感，他曾說：「我想用我的鈷藍和硃砂紅燒光整座美術學院。」可見他的狂熱，致使畫中有很多對比色，恣意的宣揚布日瓦勒村的鄉間舒暢生活。

圖8：烏拉曼克，《夏圖的塞納河》，1907年，油彩，54×65 cm，格勒諾勃美術館。

圖9：烏拉曼克，《布日瓦勒村》（局部），1906年，油彩，90×118 cm，杜林私人收藏。

四、杜菲

　　杜菲（Raoul Dufy，1877-1953年），經由馬締斯的啟發，領悟到線條與色彩都能打動人心，因而進入野獸派時期，成為野獸派的一名大將。1906年他在貝斯‧威爾舉辦第一次個人展；也在秋季沙龍展中展出野獸派作品，畫作如《洪弗勒荷碼頭的舊房子》（圖10），以粗獷的線條和鮮麗的色彩予人強烈的視覺感受。比較同時期野獸派畫家的作品，杜菲的畫比德安和烏拉曼克的畫較為保守和裝飾化。

圖10：杜菲，《洪弗勒荷碼頭的舊房子》，1906年，油彩‧畫布，60×73 cm，私人收藏。

　　（「生活裡的色彩」之「參考文獻」合併於本書後面「參考書目」）

第十三章 藝術的形式原理與生活中的美(一)—

生活裡的美的形式
賞析立體派藝術

藝術的形式原理（一）

　　藝術的形式原理即指美的形式原理，是美感形式的基本原則。最常見的美的形式原理有十二種，本文將說明前六種，並舉藝術作品或從生活中發現的美為例子。

圖1：圓形競技場，72年，義大利羅馬。

1. 反覆形式原理：

　　將線條、色彩、造形、質感或影像等相似或相同的單元反覆排列。相同的單元反覆排列很容易形成有秩序的統一美感。相似單元反覆排列較為活潑和律動感。例：義大利羅馬圓形競技場（西元72年）（圖1）的拱門反覆出現，表現反覆形式的美感。

2. 漸層形式原理：

　　依等級漸變的原理原則，形由小漸大，或由弱漸強，色由淡漸濃，音由弱漸強等漸次變化；因是逐次變化，效果較

圖2：天空的彩虹，台北南港展覽館附近。

和緩。例如：天空的彩虹有漸層色彩，雲層的色彩也呈漸層變化，在生活中可發現漸層形式的美感（圖2）。

3. 對稱形式原理：

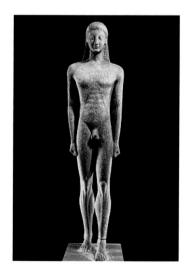

　　指物體的形狀或面積左右均等，或上下均等，形成平衡均稱的現象，產生平穩安定感。例如：古希臘的《青年立像》（圖3），以對稱的結構表現臉部與身體，讓人產生平穩安定的感覺。

圖3：《青年立像》，約西元前550年，大理石，約214 cm高，希臘雅典國家考古博物館。

4. 均衡形式原理：

指兩邊的份量相同而內容各異的型態，使視覺和心理產生平衡安定。比對稱形式較活潑自然。例如：米開朗基羅於梵諦岡西斯汀教堂天花板所繪的《創世紀》（圖4），東西、南北的區塊設計一樣，但繪畫內容不一樣，呈現均衡形式的美感。

5. 調和形式原理：

指物體外型、色彩或整體搭配協調，呈現一種視覺平衡的感覺，如形的調和與色的調和，是由於性質相近而營造出的美感。例如：位於英格蘭威爾特郡埃姆斯伯里的巨石陣（圖5），形狀相似的巨石排列成一個大圓圈，呈現調和形式的美感。又如：池塘裡的一群錦鯉的色彩呈現暖色調的調和美感（圖6）。

6. 對比的形式原理：

並列兩種不同事物，彼此存在極大差異。色彩的互補色，紅與綠、橙與藍、黃與紫的對比色，讓主體變得更鮮明。例如：紅花與綠葉，紅與綠的對比色，呈現對比形式的美感（圖7）。

圖4：米開朗基羅，《創世紀》，1508-1512年，濕壁畫，梵諦岡西斯汀教堂。

圖5：巨石陣，英格蘭威爾特郡埃姆斯伯里。

圖7：校園洋紫荊花，玄奘大學。(作者拍攝)

圖6：錦鯉，中央大學附近。（作者拍攝）

賞析立體派藝術

　　藝術作品呈現多種美的形式原理，以綜合表現的方式帶給我們視覺的美感，引發心理產生美的感受；以下將賞析西洋美術的立體派。

　　繪畫史上真正在二十世紀創造革新的畫派，是1907年由畢卡索（Pablo Picasso，1881-1973）和布拉克（George Braque，1882-1963）所創立的立體派（Cubism），他們完全遠離了從馬薩其奧（Massaccio 1401-1428）所傳承下來的500年寫實傳統。

　　立體派畫家讓人們在平面上，可以同時看到物體的各面相貌，而這些面貌本來是要利用一些時間，在空間裡繞一圈才能看得到的。他們以理性的態度，致力於將對象分析再構成，創造出新美感，把色彩、陰影等繪畫要素盡力排除，以多角度之視野去呈現對象物，在「視點的複數化」和「視覺的移動」下，將多視點觀察的各面並存在同一平面上，又稱為多面式繪畫，如同將物象拆開，形成二次元的平面空間。

圖8：畢卡索，《亞維儂姑娘》，1907年，油彩・畫布，244×233 cm，美國紐約現代美術館。

　　立體派的起源：（一）塞尚的影響：1907畢卡索和布拉克參觀了塞尚的回顧展之後，深受感動，畢卡索吸收了塞尚的理論，進一步創始分解物體的方法，將物體各部分還原為面，立體派的精神和塞尚尊重理性的態度是一致的。（二）非洲雕刻的啟示：布拉克和畢卡索對於非洲的黑人雕刻甚感興趣，尤其對原始藝術單純的造形以及尖銳的對比兩項特色更加欣賞，因此產生畫派新風格。畢卡索得到的觀念即「形為先，色為次」。他收集了許多黑人原始的面具，嘗試把人的臉面簡化成一種符號，沒有個別的特徵。（三）立體派的濫觴──《亞維儂姑娘》（圖8）：1906年到1907年冬天，畢卡索在巴黎蒙馬特的「洗濯船」畫室，創作了一幅題為《亞維儂姑娘》的奇怪畫作，跟傳統藝術的具象形態完全不同。這幅作品現已被公認為立體派的第一件代表作。

　　由於以上的原因，啟發了立體派畫家的創作，布拉克於1907年受塞尚繪畫的啟迪，在用色方面加以節制，轉而重視結構；1909年參加秋季沙龍的畫，因描繪立方體的造型，被評為「立體主義」，如畫作《萊斯達克屋舍》（圖9）。

圖9：布拉克，《萊斯達克屋舍》，1908年，油彩、畫布，60×73 cm，伯納美術館。

圖10：勒澤，《持花的三女子》，1920年，油彩、畫布，97×130 cm，私人收藏。

圖11：畢卡索，《風景中的裸女（森林女神）》，1908年，油彩、畫布，185×108 cm，蘇菲亞藝術中心。

1907年，勒澤(Fernand Leger 1881-1955)在秋季沙龍中看到塞尚紀念展的作品，深受影響。他注重色彩，被稱為「色彩主義之立體派」。第一次世界大戰後，完成機械般的人物畫；《持花的三女子》（圖10）使用清晰平坦的色彩和粗黑的輪廓線，花盆中的花卉以簡潔的造型和線條表現。

立體派分期：

（一）初期立體派（約1907-1910年），這一時期的作品受黑人雕刻和塞尚的影響較大，呈現多視點的表現法，形態重於色彩，恢復到印象派以前的色調，如：寒色系的灰色調、暖色系的褐色調。畢卡索和布拉克最初和塞尚一樣，確認對象存在和畫面構成的重要性。例如：《風景中的裸女》（圖11）是畢卡索在這時期的作品，僅用藍綠色或棕褐色，突顯以立體派的透視表現形態。

圖12：畢卡索，《伏拉德的畫像》，1910年，油彩、畫布，92×65 cm，莫斯科普希金美術館。

（二）分析立體派（約1910-1911），畢卡索和布拉克注意到被省略的內部細小形態，著手將對象徹底解體，其手法是把各部位還原為細小的面，由不同的方向回轉過來，平行並置於畫面。立體派畫家相信：面對物象作畫時可任意畫自己所喜愛的部分而省略別的部分；相反的也可增加視覺外的各面；把它們自由的畫在同一畫布平面上。例如畢卡索的《伏拉德的畫像》（圖12）即是分析立體派的畫作。

（三）綜合立體派（約1912-1915），綜合立體派這時期，事物的形態又再度被重視，色彩漸漸地豐富起來，藝術家尋求新的表現形式，於是加入其他素材，例如文字、日常物品......，成為拼貼，即利用報紙、火柴盒、照片、風景壁紙等平日所見得到的東西，由於這些東西本身就是生活上真實的物品，利用它們在畫面上組合成主題意念，就不是任何事物的模擬品了，如此可使藝術更接近生活中平凡的真實感，這種方法將現實的片斷導入了畫面。例如：布拉克的作品《橋牌與靜物》（圖13），貼上臨摹木頭的壁紙，以恢復現實性。

圖13：布拉克，《橋牌與靜物》，1911-13年，油彩、貼裱畫，81×60 cm，巴黎國立現代美術館。

畢卡索

畢卡索一生經歷許多畫風和畫派運動，其主要地位是建立了立體派。在《亞維儂姑娘》畫中，畢卡索打破歐洲繪畫自文藝復興以來的兩大特點──單點透視的空間觀念和人體的古典基準。立體派以更概念性的手法來處理人體，把人體各部分簡化成幾何的菱形和三角形，並捨棄標準的解剖比例，而非洲藝術的影響在畫中右首兩個面具臉孔上，可見所依據的不再是姿勢、面孔，而以完全自由的手法重組人體。且可從畫中看出畢卡索對傳統明暗法的挑戰，以色彩來營造立體感，也從單一光線中解放出來。

畢卡索繪作《賈桂琳》（圖14）這一年已七十三歲，他八十歲時與賈桂琳結婚，邁進豐富感情生活的另一階段。畫中的賈桂琳宛如雕像般，切面既平且直，拉長的脖子，幽深的眼神，呈現優雅神秘的氣質。

畢卡索從1954年1開始，畫有《阿爾及爾女人》（圖15），根據德拉克洛瓦的畫，以立體派的手法製作，所做的一序列變化速作數目很多，於是同一主題的圖像不斷的被推演，這現象和商業的

圖14：畢卡索，《賈桂琳》，1954年，油彩、畫布，100×81 cm，私人收藏。

圖15：畢卡索，《阿爾及爾女人》，1954-55年，油彩、畫布，114×146 cm，私人收藏。

圖16：畢卡索，《宮廷侍女》之一，1957年，油彩、畫布，162×130 cm，巴塞隆納畢卡索美術館。

圖17：畢卡索，《草地上的午餐，馬奈之後》，1960年，油彩、畫布，129×195 cm，巴黎畢卡索美術館。

考量是相同的，促使他們自己的作品規格化，以便每次畫展的同一系列作品能夠彼此詮釋。1957-1961年，畢卡索畫有《宮廷侍女》（圖16）與《草地上的午餐，馬奈之後》（圖17），以立體主義「重新繪製」委拉斯蓋茲及馬奈的作品，所繪製的連作非常豐富。

德安

德安·安德烈(Derain Andre，1880-1954)是法國的藝術家，阿波里奈爾在1912年《立體主義之始》論著中提及：「畢卡索的立體主義動機之誕生是起於德安的。」早期立體派被認為起源於德安的新審美觀念，結果卻由畢卡索做了第一步的實現，而德安對畢卡索和布拉克提出的立體派相當擁護。1907-1910年，德安畫了一些被指為立體派的作品，如《馬爾蒂克灣》（圖18），表現幾何的切面，並以濃重的黑色線條強調輪廓，框出大塊色面。德安的立體派呈現色彩更節制、形象更堅定的風格，有著單純簡化的形象和具內在構成性的構圖。

圖18：德安，《馬爾蒂克》，油彩，1908年，73.4×91.1 cm，紐約現代美術館。

路德

安德烈·路德(Andre Lhote，1885-1962)是法國現代名畫家，尤其在立體主義上表現傑出。二十世紀藝術史和立體派運動的大事記中，標準的言論都說：「路德轉變為立體派發生於約1912-13年。」這說法將他置於接近立體派發展的末尾時間。路德這重要的發展來自追隨塞尚，路德看了塞尚的畫展，被塞尚的分割與結構性作品感動，而以塞尚為模範，造成路德作品很大的影響；於是路德跟隨畢卡索和布拉克的繪畫實驗，投入了立體派。

圖19：路德，《薄紗》，1912年。

圖20：路德，《中途停靠港》，1913年。

路德的立體派作品中有很多風景畫，作品《薄紗》（圖19），解析樹林至細碎，塊狀的林葉和枝幹構成畫面，除了有棕褐色、青綠色的色面，還有灰藍色的色面，呈現薄霧彌漫空間的感覺。路德的立體派人物畫也是一大特色，作品《中途停靠港》（圖20）將人物和港口風景嚴謹的構置於畫中，綿密的翻轉各面，並巧妙的運用切割線，色彩明亮；整體予人豐富的視覺享受。

蘭碧卡

1920年代的法國巴黎，是現代藝術薈萃之地，在女性意識抬頭之際，女性畫家蘭碧卡(Tamara de lempicka，1898-1980）繪作新時代的女性，畫出打扮摩登、氣質動人的性感女性活躍於各種場合的風貌，故蘭碧卡的女性肖像畫既解放形體，也解放源自傳統的心靈桎梏。由於蘭碧卡曾是「法國式立體派」畫家路德的學生，因此由她的新女性圖像可發現立體派風格，如作品《音樂家》（圖21）。

圖21：蘭碧卡，《音樂家》，1929
年，油彩·畫布，28.74 inch×45.63
inch。

附註：

　　作者本人（楊佳蓉）的繪作常尋求時間和空間結合的依存關係，不以單點透視為唯一滿足，因而運用立體派的多立足點透視法，產生「視點移動」的創意形式，把潛藏的實在和感觸突顯出來，呈現二次元平面的繪畫性；由於繪畫時，有感於在完備的形式之下，隱藏著無限的未知，故盡情自由的變換透視並呈現對世界的感知。

　　為表現物體的多面形態，及以多視點的空間構成為重心，曾以平塗舖色，與印象派的色點筆觸大異其趣，如圖：《日月奇潭》（圖22）。而印象派重視光線與色彩的變化，喜歡表現濡沐外光的氣氛，作者也以印象派的筆觸加立體派的形式，繪作具個人風格的立體派作品，如圖：《隱密與奔放》（圖23）。

　　在轉借名畫的作品中，亦曾從印象派畫作得到靈感，而付諸立體派形式的表現，《彈鋼琴的女孩》（圖24）這幅畫作轉借自雷諾瓦（Pierre-Auguste Renoir，1841-1919）的作品（Young girls at the piano），原畫中女主角是十九世紀藝術家所盯視的淑女，從畫面上可窺探出當時女性的生活習慣和衣飾打扮，其姿態表露出中產階級的閒適安逸；可視為當時現實環境的女性代表之一。改編後的《彈鋼琴的女孩》，表現的形式運用立體主義之多立足點透視法，在畫面上展開人物的右側臉與左側臉，身體、手臂、頭髮也翻轉出多面；彈琴與翻樂譜的雙手則並存不同時間出現的手指，造成未來主義的動態感。布簾以不同視點營造空間參差銜接；琴譜、椅背亦是矛盾透視的現象；鋼琴則如塞尚鳥瞰式透視法，琴鍵整個轟立起來，並且搭配前縮透視法構圖。整幅作品在多種透視法合併運用下達到和諧、緊密的效果，呈現主題與形式二重奏的愉悅氣氛。

圖22：楊佳蓉，《日月奇潭》，2006年，油彩·畫布，65×53cm。

圖23：楊佳蓉，《隱密與奔放》，2013年，油彩·畫布，72.5×60.5cm。

圖24：楊佳蓉，《彈鋼琴的女孩》，2001年，油彩·畫布，65×53cm。

第十四章 藝術的形式原理與生活中的美（二）—

生活裡的美的形式（續）
賞析表現主義、抽象藝術與巴黎派

藝術的形式原理（二）

最常見的美的形式原理有十二種，本章將說明後六種，並舉藝術作品或從生活中發現的美為例子。

7. 節奏的形式原理：

節奏的形式又指律動或韻律的形式，本指音樂上的一種表現形式，運用到畫面上，是指事物的運動過程在形式上有規律的反覆，如創造形體的起伏變化，以及強

圖1：康丁斯基，《主調曲線》，1936年，油彩·畫布，129.4×194.2 cm，美國紐約古金漢博物館。

弱、疏密、曲直等變化。節奏的形式象徵生命的律動。例如康丁斯基的畫作《主調曲線》（圖1），畫中形體呈現有規律的反覆與起伏變化，表現節奏形式的美感。

8. 統一的形式原理：

對於各種藝術的原理進行統合性的整理與安排，使畫面呈現統一又和諧的視覺感受，使作品有渾然一體的感覺，即為統一的形式原理。柯洛的《早晨》（圖2），內容包含大自然、人類與小天使，藉著嚴謹的構圖、細膩的描繪和柔和的色彩，整體呈現和諧、渾然一體的視覺感受，表現統一形式的美感。

圖2：柯洛，《早晨》，1865年，油彩·畫布，176.5×133 cm，美國加州大學洛杉磯分校哈默博物館。

9. 比例的形式原理：

比例的形式指在同一結構內，存在整體與各部分之間、各部分與各部分之間的比例關係，例如：黃金比例、理想比例等，易使人產生舒適、愉悅的感覺。人體各部分之間有著數學比例關係，在理想比例中，身長等於雙臂伸展的全長，身體成為頭的八倍。黃金比例是1：1.618或0.618：1，按照這種比例組合而成的任何事物都表現出它的內部關係是和諧的、均衡的，西元前六世紀古希臘數學家畢達哥拉斯發現此分割狀態下存在和諧的美，後來古希臘美學家柏拉圖正式稱之為黃金分

割,並視為最佳比例。例如:西元前3000年埃及吉薩建造的胡夫大金字塔,其原高度與底部邊長的比約為1:1.6;又如:西元前五世紀古希臘建造的雅典巴特農神殿,其正面高度與寬度的比約為1:1.6;文藝復興時期的大衛雕像,其下肢與身高的比也近乎1:1.6。達文西的著名素描《維特魯威人》(圖3),繪出了完美比例的人體。

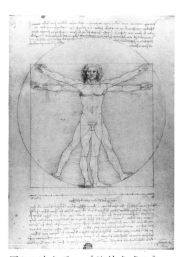

圖3:達文西,《維特魯威人》,約1487年,鋼筆和墨水繪製的手稿,34.4 cm×25.5 cm,義大利威尼斯市學院畫廊。

10. 完整的形式原理:

作品不需再增減某一部分的情況稱為完整的形式原理,分成產品、時間、空間三種完整,讓人觀看後產生舒暢、鼓舞、喜愛、渴望擁有的感覺。如下池塘邊的小松鼠,小松鼠剛好跑到池塘邊,動態與靜態的對比,內容與時間、空間都恰好,形成完整性,讓人看到寧靜池塘邊活潑的小松鼠,有種完整形式的美感(圖4)。

11. 單純的形式原理:

單純的形式顯現簡化的形態,易顯所要表現的內容本質,並給予想像空間,使人產生樸素、單純、平靜、溫和與真實的感覺。例如元代倪瓚的《六君子圖》(圖5),以畫中樹幹挺拔六樹,彰顯「正直特立」的君子風範,喻為「六君子」,顯出文人畫借物寓志的特色;此畫給人想像的空間,以及樸素、平和的感覺,有文人畫特有的意境,呈現單純形式的美感。

圖4:池塘邊的小松鼠,中正紀念堂周邊的花圃。(作者拍攝)

12. 強調的形式原理:

強調的形式指調整畫面的效果,在某部分使用醒目的形、色、音的媒材,促使整體更加緊湊、充實。允許額外的元素及要素來支配畫面,甚至成為畫面趣味性的核心。如下荷花池,一片片綠色的大荷葉充滿了整個畫面,畫面中央一朵紅色的荷花,讓整體更加充實、更有意趣(圖6)。

圖5:倪瓚,《六君子圖》,1345年,軸,紙本、墨筆,61.9×33.3 cm,上海博物館。

圖6:荷花池,中央大學校園。(作者拍攝)

賞析表現主義、抽象藝術與巴黎派

藝術作品呈現多種美的形式原理，以綜合表現的方式帶給我們視覺的美感，引發心理產生美的感受；以下將賞析西洋美術的表現主義、抽象藝術與巴黎派。

一、表現主義（E×pressionism）

表現主義是時代處於動盪不安的情況下的美學反映，從1905年德國的橋社成立後展開運動。以直接表達情緒和感覺為真正的目標，而不把自然當作主要標的；在線條、形體、色彩、構圖上不再追隨傳統，也捨棄印象派的繪畫理論，而以扭曲的形象和濃重的色彩為表現的手段。

表現派的繪畫團體有橋派（半抽象表現派）與青騎士派（抽象表現派），孟克（Munch Edvard，1863-1944）與克利（Klee Paul，1879-1940）分別加入繪畫團體宣揚理念。孟克有來自童年的悲傷記憶，在繪畫找到出口，表達焦慮和恐懼、苦悶和妄想、愛恨與死別的情緒。克利表達童稚、幻想、夢境和潛意識的世界，他於1920年到包浩斯藝術學院任職之後，有更深一層的體認，並和康丁斯基創立「抽象畫理論」。

圖7：孟克，《吶喊》，1893年，蛋彩‧紙板，84×67 cm，挪威奧斯陸國家畫廊。

《吶喊》（圖7）是孟克表現精神、性靈狀態最具「心理學」的畫，背景的流動橫線條仿彿傳達出孤立者驚嚇的叫喊聲，將視覺和聽覺藉由畫面的色彩和線條做了一致的結合，甚至聲音從畫面空間傳遞到畫外的觀者。

克利喜歡畫魚，在《環繞著魚》（圖8）這幅畫中，以立體派的多視點展現各面幾何形態，加上箭頭等符號，配置成有趣的畫面，充滿豐富的想像力。

圖8：克利，《環繞著魚》，1926年，油彩‧畫布，46.7×63.8 cm，美國紐約現代美術館。

二、抽象藝術（Abstract Art）

抽象繪畫是藝術家在繪畫觀念和技巧上逐漸演變而來的形態，其前身是印象派，忽視主題，僅描繪光與色；廣義的抽象繪畫包括立體派和未來派等，具形象解體的特色；狹義的說法指結構主義（注重幾何圖形）、新造形主義（垂直和水平的畫面，如蒙德里安）、青騎士（1911年成立，形與色的即興表現，如康定斯基、克利）。

抽象繪畫通常直接用形和色來構成畫面，而沒有具體的對象物；也不必存在文學性、象徵性，不需有任何的描述或意義。二十世紀早期的抽象繪畫有兩種形態，包括幾何和表現的抽象，分別以蒙德里安和康定斯基為代表；二次世界大戰後，在美國也產生了「抽象的表現主義」。

蒙德里安（Piet Mondrian，1872–1944）以《構成–紅黃藍》（圖9）為名，製出水平線和垂直線，用原色的正方形和矩形來組成畫面。康定斯基（Wassily Kandinsky，1866–1944）也以《構成》（圖10）為名，用顏色與造形反映心理與精神狀態，幾何造形有靜態的反覆效果，具動感與韻律感。

圖9：蒙得里安，《構成—紅黃藍》，1930年，油彩·畫布，46×46 cm，瑞士蘇黎世市立美術館。

三、巴黎派（Ecole de Paris）

巴黎派並非一個藝術活動或流派，而是泛指二十世紀大約前四十年活躍於巴黎的畫家、鑑賞家、批評家和畫商，這群人所形成的藝術圈子稱巴黎派。例如描繪裸女和肖像的畫家莫迪里亞尼（Modigliani，1884–1920），畫作以拉長的頸子與人體，呈現優雅的弧線與氣質為獨特風格，也被視為表現主義畫家。《珍妮畫像》（圖11）是一幅深情畫像，莫迪里亞尼與珍妮傳奇性的戀情，是巴黎蒙馬特與繪畫界膾炙人口的愛情故事。

圖10：康定斯基，《構成》，1923年，油彩·畫布，140×201 cm，美國紐約古金漢博物館。

來自西俄羅斯的夏卡爾，1912年他在巴黎定居，巴黎的藝術促使他思考，創作出新的形象和空間，是第一位被稱為「超自然」的畫家，也被稱為超現實主義的先驅。夏卡爾的題材大部分是故鄉的景物與心愛的情人，並以「愛」為屢次描繪主題，包含愛鄉、愛情，花卉和花束更是反覆出現的意象，以想像連結成豐富畫面，如畫作《戀人與花束，夏天》（圖12）。

圖11：莫迪里亞尼，《珍妮畫像》，1919年，油彩·畫布，55×38 cm，私人收藏。

圖12：夏卡爾，《戀人與花束，夏天》，1927 - 30年，油彩·畫布，41.2×33 cm，私人收藏。

第十五章 藝術與生活中的愛情—

馬奈與莫莉索的繆思情感與繪畫藝術

　　波特萊爾在1845年宣稱：「真正的現代畫家要善於傳達時代生活的詩篇。」十九世紀馬奈（Édouard Manet，1832－1883年）即是一位表達時代生活內涵的畫家，現代生活中的人物是馬奈畫中的模特兒，他以鮮亮的色彩表現主題，不論是巴黎人物或盛開花卉，都傳遞了當時人們的生活精神，故馬奈具有「現代生活」畫家的稱號。貝絲‧莫莉索（Morisot Berthe 1841-1895）是第一位加入印象畫派的女畫家，她的繪畫特別重視生活環境中色彩的光學體驗，被認為是19世紀後半葉最主要的女畫家之一，她的藝術人生可說突破傳統上對女性的思維，繪畫更超脫傳統，邁向現代畫風，尤其被認定符合當時藝術中的女性特質。馬奈與莫莉索都是傳遞現代生活美感的畫家，兩人之間的感情也為他們的藝術人生增添不少神秘色彩。

　　馬奈喜歡女人，自然的在馬奈的繪畫中出現許多描繪女性的作品，他畫筆下的女性包括女畫家莫利索等人。1868年他認識了艾德瑪和貝絲‧莫利索兩姐妹，她們都是年輕畫家，也是佛拉哥納爾此位著名畫家的後代。貝絲‧莫利索後來成為與馬奈十分密切的模特兒，馬奈以她畫了好幾幅畫，《陽台》（圖1）畫中坐著的女子就是以莫利索為模特兒，這是馬奈畫莫利索的第一幅畫。還有肖像畫如《手持紫羅蘭花束的貝絲‧莫利索》（圖2），畫中的她具有明確的五官、真摯的情感與女性魅力，馬奈緊抓住莫利索的氣質和神情；這幅畫以兩個色調為基礎，即赭粉紅色的臉部肌膚，以及黑紫色的衣帽，而紫羅蘭花束在陰暗的衣服前面，好像珠寶般閃閃發光。

圖1：馬奈，《陽台》，1868年，油彩‧畫布，170×124 cm，法國巴黎奧塞美術館。

圖2：馬奈，《手持紫羅蘭花束的貝絲‧莫利索》，1872年，畫布，油彩，55×38 cm，私人收藏。

　　當時馬奈邀請莫莉索擔任他的模特兒，莫莉索仰慕馬奈的才華而答應，馬奈完成《陽台》一畫後，此後六年間，馬奈為莫莉索畫了11幅肖像畫，因而莫莉索外在形象經由馬奈的畫為人熟知，早於她以藝術家身分被人認識。馬奈最初也只是把莫莉索當模特兒，他在給朋友的信中說：「莫莉索小姐們是很迷人，可惜她們不是男人。女人全都一樣，她們能為繪畫有所幫助的，就是去嫁給學院派畫家，給敵人陣營帶去點混亂。」可見馬奈注意到的是女人本身，而不是她們的天分，莫莉索的藝術天分是後來才得到馬奈承認的，傳說才貌驚人的莫莉索更成為馬奈一生最愛的繆思女神。

　　莫利索喜歡馬奈自由不拘的畫風，他的《奧林匹亞》與《草地上的午餐》兩幅畫震撼了莫莉索的心靈，對她的創作有所影響，在她1870年代早期的繪畫構圖中可看到馬奈的影子，甚至有次馬奈幫她修改一幅畫：《藝術家的母親與姐姐》（圖3），但莫莉索對這些感到很懊惱，因莫莉索從來就不是馬奈的學生，也無意模仿他。相對的，馬奈曾因莫莉索，對戶外寫生的室外畫、印象派不規則筆觸和構圖產生興趣。

圖3：莫莉索，《藝術家的母親和妹妹》，1869 - 70年，油彩‧畫布，101×81.8 cm，美國華盛頓區國家畫廊。

　　從莫利索給她母親和姐妹的信中，可感覺到她與馬奈的情感似乎超乎友誼。莫利索的畫作從1864年起被巴黎沙龍畫展接受後，陸續參展了十年；1874年，莫利索參加「獨立展」的第一屆展覽，從此有了「印象派」的開始，而被推舉為現代繪畫先驅的馬奈受邀請卻沒有參加。同年莫利索嫁給了馬奈的弟弟，此後莫莉索夫妻還共同舉辦了1882年至1886年的「獨立展」。馬奈與莫莉索之間的微妙愛情遂昇華為友情與家人的親情。

馬奈的繪畫藝術

　　馬奈，出生於法國巴黎，小時就喜歡繪畫，在馬奈的堅持下，其父親只好勉強同意他的意願，讓他追求藝術教育，1850年馬奈進入托馬‧庫提赫畫室，接受正規的繪畫學習長達六年時光。1856年，馬奈開辦了工作室，與畫家朋友一起經營畫室。馬奈與學院派做為比較，學院派的畫風完美而細膩，而馬奈畫風粗獷，且使用攝影式的燈光，並利用黑色鉤畫人物的輪廓，這些作畫手法在當時被認為很具有現代感，因此他的作品被稱為「早期現代」的繪畫。

　　1863年馬奈與出生於荷蘭的蘇珊娜‧里郝夫結婚。蘇珊娜‧里郝夫是受雇於馬奈父親的鋼琴老師，教馬奈和他弟弟鋼琴。1852年她生了一個非婚生子萊昂‧里郝夫。兩人結婚後，當時11歲的萊昂常常當馬奈的模特兒，最著名的是《佩劍男童》（1861年，紐約大都會藝術博物館藏），他也出現在《陽台》的背景中。

當時一方面批判的人相繼誹謗他，指責他破壞慣用法則與良好風氣；一方面革新派畫家推崇他，靠攏在他周圍。《草地上的午餐》（圖4）在野餐的主題上，他畫出爭議性頗高的對比，被評為荒謬的構圖，即一絲不掛的裸女神態自若的坐在穿著整齊西服的兩位紳士當中，而另一個女子則在後方洗浴，人物為他所熟識的模特兒、朋友和兄弟，且場景又是熟悉的公園地點；即使寫實主義的庫爾貝畫當時的裸女，突破以往假借神話或歷史故事畫裸女的情形，也只襯以虛擬的自然背景。此畫受到拉斐爾《巴黎的審判》版畫的影響，而馬奈運

圖4：馬奈，《草地上的午餐》，1863年，畫布，油彩，208×264.5 cm，巴黎奧塞美術館。

用當時代的人物、風景，創出獨特的風格。在色彩上，馬奈使用鮮豔色彩，排除中間色調，使得前景草地上的衣服、野餐籃和裸女的強烈光線更加明亮突顯；馬奈用冷色調來處理，畫面瀰漫冷漠、憂慮的氣氛。這幅畫倍受批評，被沙龍拒絕，卻在落選沙龍展中得到了定位，他是第一位以沙龍落選畫開創頗大名氣的畫家。

《奧林比亞》（圖5）在官方沙龍展出後，又一次透露他叛逆的性格。在畫中，馬奈毫無掩飾地描繪十六歲的女郎，可說是當時巴黎妓女的生活寫照，女郎姿態撩人，脖子上繫著小小黑色的蝴蝶結，好像禮物一般，頭髮上的蘭花有催情的作用，掉落一隻拖鞋及黑 貓豎直尾巴都有淫蕩的象徵，女僕黝黑的皮膚、幽暗的背景與明亮的大花束、女郎的雪白肌膚、白色床舖等有著強烈的

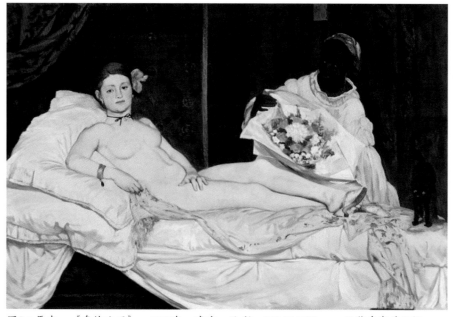

圖5：馬奈，《奧林比亞》，1863年，畫布，油彩，130.5×190 cm，巴黎奧塞美術館。

明暗對比，整體氣氛嚴肅沉重。保羅‧瓦萊里在1932年曾說：「這張畫非常刺眼，她散發出一種神經質的恐怖氣氛，她象徵著恥辱和偶像的魅力，這是社會中的可悲現象……」這幅畫受到提香《烏爾賓諾的維納斯》，以及哥雅《裸體的瑪哈》的影響，馬奈卻大膽的畫出引起爭議的人物與陪襯的事物。

馬奈與印象派保持若即若離的關係，馬奈不僅是一位時代生活的觀察家與藝術家，也是一位喜愛社交活動的富有人士。馬奈與莫內、希斯里；畢沙羅、拉突爾、竇加、雷諾瓦、塞尚等人成為朋友，除了開放自己的畫室，並且一起在蓋布伊咖啡館展開激烈的辯論，印象派就在此時此地成立了。另方面，馬奈又不似印象派的核心成員，由於他不希望被看作是印象派的代表，且他認為一位現代藝術家應想盡辦法在巴黎沙龍展覽作品，而不主張獨立展覽。但早在1866年馬奈被排除在沙龍外，1867年更被排拒於世界展覽會外，他遭到各方冷酷的言論攻擊時，已開啟了自己的展覽，事實上展覽結果也沒有得到好評。

圖6：馬奈，《玻璃瓶中的紫丁香》，畫布，油彩。

馬奈的水晶瓶花十分特別，這也是在其他畫家作品中少見的題材，畫中常見水晶花瓶插著緊湊的幾朵鮮花，水晶花瓶的透明性使得畫面更加明亮，與花卉的鮮亮度彼此呼應，馬奈的繪畫手法與獨特色彩發揮得更淋漓盡致。他的作品例如：《玻璃瓶中的紫丁香》（圖6），在這幅畫裡，他更盡情的釋放他所喜歡的白色色調，白色的紫丁香占了花束的大部分，畫面格外明亮。《水晶瓶中的康乃馨和鐵線蓮》（圖7），畫中前面有藍紫色的鐵線蓮，後面有粉紅色的康乃馨，還有陪襯的葉子，並描繪水晶瓶水中的花莖，水晶瓶上有白色的反光，更表現出重量感與明亮感。

馬奈也畫巴黎小酒館的主題，如《福里‧白熱爾酒吧》（圖8），馬奈的酒館場景是對當時巴

圖7：馬奈，《水晶瓶中的康乃馨和鐵線蓮》，1883年，畫布，油彩，56×35.5 cm，巴黎奧塞美術館。

圖8：馬奈，《福里‧白熱爾酒吧》，1881-1882年，畫布，油彩，96×130 cm，倫敦柯特爾藝術研究中心。

黎社會生活的體驗觀察，他描繪人們在酒館喝酒、聽音樂、社交、調情、約會、等待或閱讀，這些繪畫大都於現場寫生。在這幅畫中，女侍面對著觀眾，臉上有著無奈、孤單和憂傷的表情，而背面的大鏡子反射出眼前的喧鬧、繁華和歡樂的世界，形成一種對比。這種描繪風格參照了巴洛克時期哈爾斯和委拉斯蓋茲的風格。馬奈用現實的手法描繪桌上的靜物和站在桌前的女侍，桌上的水晶瓶花、水果、酒瓶被稱為「十九世紀最優美的前排靜物」；而背後的景物逐漸模糊。這幅以酒館為場景的畫作，表現了巴黎人夜生活的情緒和氣氛，也是波希米亞人(指在19世紀初期的法國，一群希望過著非傳統生活的藝術家與作家)、城市工作者和一些資產階級的生活描寫。這一幅畫是馬奈晚期也是巔峰期的重要作品，於1882年在巴黎沙龍中展出。

莫莉索的繪畫藝術

莫莉索生於法國布基，她的家庭是屬於典型的布爾喬亞階級，兼具教養與富有。她的母親請學院派畫家基夏等來為她們授課，1858年在基夏的引薦下，莫莉索與艾德瑪兩姊妹進入羅浮宮臨摹名畫，成為正式登錄的臨摹人，此期間她們認識了許多非學院派的畫家，尤其是馬奈，兩家人有密切的往來。基夏還介紹自然主義風景畫大師柯洛與她們認識，使她們受到柯洛許多藝術薰陶。1863年柯洛引薦她們與烏地諾學畫，受到鼓勵的她們參加了1864年到1868年的沙龍展。莫莉索與艾德瑪的感情非常好，她們一起切磋繪畫，1869年艾德瑪結婚了，放棄當畫家的念頭，莫莉索獨自堅持理想，往藝術的路繼續邁進，而且這時期的主題常是婚後的艾德瑪。

莫莉索接受竇加的邀請，在1873年加入「畫家、雕刻家與版畫家藝術家協會」，成為12位創始成員之一。1874年他們舉辦名為「獨立展」的第一屆展覽，莫莉索有《搖籃》等9件畫作參加展覽，《搖籃》（圖9）讓她成為印象派首位、也是最重要的女性畫家。之後至1886年一共舉辦了12年的「獨立展」，在評論文章裡最常出現的畫家是莫內、竇加、莫莉索、畢沙羅、雷諾瓦和希斯里等。

圖9：莫莉索，《搖籃》，1872年，油彩·畫布，56×46 cm，法國巴黎奧塞美術館。

馬奈的弟弟尤金非常欣賞莫莉索的繪畫，他們結婚後，尤金是她繪畫事業的重要支柱，更幫她售畫、展畫、評論與理財。他們的獨生女茱莉出生後，即成莫莉索繪畫的題材，莫莉索就在人妻人母的身分下，依然創作不輟。莫莉索與尤金還一同來到法國南部風景幽美的西米耶居住，如此她可以很專心的創作。莫莉索的個展到1892年才首次舉辦，然而同年，尤金去世，這對她造成很大的打擊，但莫莉索對繪畫創作更加勤奮，在晚年與莫內、雷諾瓦和馬拉美的往來更為密切。1895年莫莉索病逝，享年54歲，留下無數畫作。

　　莫莉索常在書信或筆記裡表達繪畫的理念，她喜好戶外作畫，在大自然中表現光影與捕捉瞬間感覺，這也是印象派的基礎信念。莫莉索描繪戶外景象時，通常直接作畫，不作草圖，以筆觸表現光影而構成畫面，並盡可能不做修飾，因此她的畫顯現強烈尚未完成的感覺，接近速寫、水彩。莫莉索摒棄傳統的繪畫法則，認為制式的規則會使藝術庸俗化，她說：「唯一必要的是感覺，以不同的方式去看事物……所有的畫在某種程度來說都是取自自然……（追問）素描和色彩的老問題是無益處的……」故莫莉索重視強調個人感覺的原創性。

　　在19世紀，莫莉索的藝術家身分對於當時的女性來說是很反常的，但她卻不偏離布爾喬亞的婦女形象和生活常規。莫莉索對於藝術事業非常的慎重與堅持，於是莫莉索以懷有女性特質，堅毅的從事藝術工作，並希望能獲得肯定。

　　當時男性畫家可在任何場景作畫；然而女性畫家通常只是侷限在少數空間裡；「現代性」的意義對男性與女性竟是不同的，莫莉索畫中的活動場所屬於布爾喬亞的女性，她表現她眼中的「現代」生活。莫莉索與其他印象派畫家一樣，通常不在畫室裡作畫，而是在景物的現場作畫，當時女性會出現的空間，亦是莫莉索作畫的場景，這也符合莫莉索的家庭角色。

　　為何會以女性特質來分析莫莉索的繪畫？一方面這些畫作確實出於女性之手，二方面畫風符合當時對藝術中呈現女性特質的認定。1874年後莫莉索的風格逐漸成熟，她的作品除了描繪私領域與室內性題材，還包括具有敏銳觀察力、光亮感與捕捉瞬間感，以及未完成感與明顯筆觸，在許多評論中都被歸於女性特質；1890年代印象主義開始衰退時，讚揚莫莉索的的藝評卻達到高峰。甚至反對印象主義的象徵主義者，或保守派親官方的評論家，都對莫莉索的女性特質大為稱讚。瓦列希說：「莫莉索的特別之處……在於生活在她畫中並畫她的生活，就像在觀看與表現之間、在光與創造意志之間的互動，對她來說是一種自然的作用，是她生活中必然的一部分。」可見她的繪畫題材與表現方式都富女性特質。

　　莫莉索描繪的人物範圍很小，大都是她所熟識的人，包括家人、親戚、朋友、雇用的奶媽和女僕，現存畫中有500幅以上都是描繪女性，有盛裝女子的肖像，較多的還是母子圖以及女兒茱莉的畫像，例如：《捕蝶》（圖10），顯見這題材是莫莉索的繪畫重心；男性部分只有畫她的先生尤金三幅。

圖10：莫莉索，《捕蝶》，1874年，油彩‧畫布，46×56 cm，法國巴黎奧塞美術館。

室內景象是莫莉索重要的題材，如畫作：《坐在沙發椅的年輕女子》（圖11）；為了捕捉光線，她常把人物安排在客廳和小廳的落地窗或窗旁。若要描繪戶外光線，則在私人花園裡，在這些場景作畫均可配合家庭職責和家人作息活動，她觀察最親近的生活景象，流露真實的生活感。再擴展出去，就是附近的公園，例如巴黎近郊的布羅尼森林，森林中的草地、樹蔭、湖泊、鵝、馬車、遊客等常常出現於莫莉索的畫中，例如：《夏日時光》（圖12）。至於巴黎市景，往往是從陽台或草坪望出去，在遠景的地平線上。

談到莫莉索的旅行經驗，在法國就有好幾個固定的度假地點，她寧願選擇在別墅陽台上畫眼前的景觀，並沒有畫當地的名勝風景。如畫作：《海邊別墅》（圖13），大膽裁切木造陽台的構圖方式，頗有新意，獲得當時畫家的肯定；筆觸流暢不拘，畫中母親的臉、手和面紗、衣裙的筆觸混雜在一起，無法認清，領上的蕾絲用兩道淡淡的破筆掃過，海上的船只剩些小筆觸；母親與小女孩各行其事，母親似在沉思，小女孩則獨自望向圍欄外的大海，莫莉索並不受傳統表現母愛（如聖母子）的圖像的影響，逕行紀錄更為生活化的畫面，沒有刻意描繪親密的互動。儘管莫莉索很年輕時就對戶外作畫抱有熱忱，但戶外景色的作品數量仍比室內景少。

圖11：莫莉索，《坐在沙發椅的年輕女子》，1879年，油彩·畫布，80.6×99.7 cm，美國紐約大都會美術館。

圖12：莫莉索，《夏日時光》，1879年，油彩·畫布，45.7×75.2 cm，英國倫敦國家畫廊。

圖13：莫莉索，《海邊別墅》，1874年，油彩·畫布，50.2×61.3 cm，美國加州巴莎迪那諾頓西蒙美術館。

結語

　　馬奈與莫莉索的繆思情感為兩人的藝術生活增添無比神秘感，也為兩人的創作帶來許多靈感。馬奈的創作風格大都以表現當時生活風貌為主題，當我們欣賞到馬奈所繪的巴黎人物、城市酒館、水晶瓶花等生活主題，彷彿十九世紀末巴黎的浪漫舒適與冷淡憂愁兩對比的氣氛正逐漸由畫中傳達出來。莫莉索的繪畫題材上大都描繪私領域與室內的人景物，蘊含細膩的觀察力和純真的感覺，表現手法既屬印象主義，更被歸於女性特質的繪畫，她能以無比的意志力持續創作，發展出自我繪畫的新方向，在19世紀是非常不容易的事。馬奈與莫莉索兩人著實都是值得尊敬的畫家。

　　（內容引自：楊佳蓉，〈馬奈的繪畫與水晶瓶花〉與〈莫莉索柔如花卉的繪畫〉，發表於中華花藝文教基金會《花藝家》期刊No.103，2013.6與No.114，2015.4）

第十六章 藝術與生活中的身心健康—
芙烈達、梵谷的藝術人生

前言

　　經由藝術活動可以滿足自我創作表現的欲望，亦可紓緩自我身心，釋放緊張和壓力，帶給我們愉悅的感受。藝術創作的歷程除了對心靈有所治療，對有生理疾病的病人或復健者的身體康復，也具有很好的療癒效果。本文將探析藝術創作與身心健康的關係；賞析繪畫作品與心理映射之關聯；探析藝術治療與生理治療互相結合的益處；並探討芙烈達的藝術人生，藉以了解藝術家如何運用繪畫創作來表達面對疾病的掙扎，及對於生命的熱情期盼；且探討梵谷的藝術人生，藉以明瞭藝術家梵谷雖遭遇情緒障礙，卻發揮旺盛的創作力，強烈表現對事物的感受，情感真實而熱切。希望透過藝術創作活動，能讓人們經歷自我的成長與轉化，提升身心健康，增進幸福快樂。

藝術創作與身心健康的關係

　　透過藝術創作的自我表達方式，可以改變自身的目前狀態，並可觸動自我的直覺，開啟創作能量。可能有人不認為自己擁有創造力或可成為一位藝術家，但仍有機會在平常生活中經歷一些具有治療性的藝術活動；或者把某種藝術活動當成休閒、興趣，好好享受創作的過程，藉以讓身心輕鬆、愉悅、平和。

　　當一個人透過藝術創作的過程，進行自我接觸、自我體驗，達到自我收復、自我實踐，終至自我超越的境界，這就是藝術治療；藝術治療即是一種以藝術為媒材的心靈體驗與治療過程。

　　藝術可能是一件作品，被懸掛在博物館、美術館裡或被放置在公共領域中；藝術可能是生活中的收藏品或裝飾品。然而藝術除了是一件作品，藝術也有其他目的，例如：與自我理解聯結、探求生命的意義、追求個人成長與增加自我能力，以及用於身心的治療上，從這些概念逐漸發展出藝術治療。

　　藝術學與心理學兩種規則的結合形成藝術治療，包含視覺藝術（繪畫、雕刻等）、創作歷程與人類發展、人格、行為、心理健康等層面的連結。在繪畫藝術裡，許多畫作和流派都與心理學有關，例如：表現派孟克（Edvard Munch，1863-1944）與克利（Paul Klee，1879-1940）的畫、超現實主義達利（Salvador Dalí，1904-1989）與米羅（Joan Miró i Ferrà，1893-1983）的畫等。

　　Don Jones是一位藝術治療師，他創立藝術治療領域，在其自畫像中，明確的描繪出一個人的內在本質，在《誰？什麼？哪裡？如何？》（Who，What，Where，How）一圖中，Jones畫出他自己低著頭看池水中的映象，並想像他自己的內在鏡射；他閉上眼睛思索「誰，什麼、哪裡、

如何」等問題，這幅畫強調透過藝術作品及自畫像，可產生自我內在理解的寶貴經驗。藝術家也很喜歡繪作自畫像，大約每位畫家都畫過自畫像，有些畫家更繪製過許許多多自畫像，例如林布蘭（Rembrandt van Rijn，1606-1669）、梵谷（Vincent Willem van Gogh，1853-1890）和芙烈達（Frida Kahlo，1907-1954）等人。

圖1：孟克，《橋上少女》，1899-1901年，油彩‧畫布，136×126 cm，奧斯陸國家美術館。

圖2：克利，《老人》，1922年，油彩‧畫布，40.5×38 cm，巴塞爾藝術館。

繪畫作品與心理映射

表現主義能夠強烈表現感覺和情緒，通常能以心理學來解讀。孟克初期的繪畫大都是暗沈的色彩和題材，透露潛藏的性意識，顯現對異性的思念和對死亡的恐懼，產生性欲的壓抑和種種不安，《吶喊》是孟克表現精神、性靈狀態最具「心理學」的畫；《橋上少女》（圖1）是由《吶喊》衍生的系列作品，含有孟克特殊的情感。克利受佛洛依德學說影響，把夢境和潛意識以一種抽象式的繪畫手法表現出來，例如畫作《老人》（圖2），將記憶中的形象予以抽象化，而在畫面呈現令人迷惑的詩幻感覺。

超現實主義深受心理學家佛洛依德的影響，藝術家認為「女人是夢幻中非理性的慾望」，創作時嘗試將現實觀念與本能、潛意識、夢幻相互揉合。達利的作品《巨大的自慰者》（圖3），有著面對所愛的女子時，心理產生挫折恐懼與欲望佔有的矛盾場景，顯示女子之於達利的雙重角色，畫中渴望

圖3：達利，《巨大的自慰者》，1929年，油彩‧畫布，110×150 cm，西班牙馬德里索菲亞王后國家藝術中心博物館。

性愛和恐懼性無能的意象交互流露著。米羅也是超現實主義畫家，他解放無意識和非邏輯心靈，試圖摧毀意識和邏輯的掌控，探求不可見與可見領域的神祕，他以具體的自然形象作為繪畫的基礎，畫面充滿隱喻、天真與詩意，作品《荷蘭室內景一號》（圖4）中，除了樂器和演奏師，還有許多扭曲變形的動物和景物，形成奇異的組合，盪漾著輕快、幽默、異想的美感。

藝術家喜作自畫像，畫家透過個人外在特徵、目光和肢體語言的描繪，以表達自我的神態、性格和內在世界，並配以周圍環境做為襯托；故畫家亦以自畫像探索生死、愛欲與悲喜。畫家的自畫像或是單純的獨自出現，或是融合在宗教題材、重要歷史事件上，或是形同畫家的簽名。

圖4：米羅，《荷蘭室內景一號》，1928年，油彩‧畫布，92×73cm，美國紐約現代美術館。

巴洛克時期的林布蘭製作許多蝕版畫與油畫自畫像，在他人生的每一階段皆繪有自畫像，記錄了畫家的生命與創作歷程，例如1629年的《自畫像》（圖5）是林布蘭年輕時的自畫像，又如《和莎斯姬亞一起的自畫像》（圖6），運用絢爛的色彩描繪他與妻子的幸福生活，林布蘭畫出難得的笑容，畫面中豪華的餐宴、華麗的穿著裝飾，顯出畫家名利雙收的一面，似乎對比、平衡了精神上艱難深沉的探索。

圖5：林布蘭，《自畫像》，1629年，油彩‧畫布，37.7×28.9 cm，荷蘭海牙莫瑞修斯皇家博物館。

圖6：林布蘭，《和莎斯姬亞一起的自畫像》，1635年，油彩‧畫布，161×131 cm，德國德勒斯登繪畫陳列館。

　　本文作者也曾在《繁花夢旅》系列畫作中繪自畫像，以超現實主義的理念，組合旅行、生活的實物和花卉意象，重新建構新的象徵意義，建立新的藝術語言，連結斷裂意象間的內在感情，或可顯露潛意識的、夢幻的或有寓意的情境，並含有文學與詩意的情趣。《繁花夢旅–瑞士印象》（圖7），此畫靈感來自幻夢與潛意識，連結現實的意象和內心的情感，以理性的構圖顯現畫作。瑞士這個國度猶如童話世界般吸引著旅行者，在琉森的綠意美景中得到暫時的心靈歇息，由碧綠湖水裡湧現含有火鶴的盛開花束，象徵愛情的蠢蠢欲動。畫中，風景加上具實花束與旅行者自畫像，訴說在真實繁華物象中，其實隱藏夢幻深層的嚮往，「旅」者一步步踏上她（他）的生命旅程，或許腳步輕快飛揚，或許踽踽獨行，「旅」的雙關語竟或是「侶」，知心知己的伊人在哪裡啊！作者以靜靜謐謐的意境呈現。

　　波那爾(Bonnard, Pierre，1867–1947）曾評論魯東的作品：「表現了兩種幾乎相對的特色，一為非常純粹的可見實體，另一為神秘的情感。」作者的《繁花夢旅–芙蓉，蘭，旅行的印記》（圖8）畫作也透露了這樣的想法，一方面從自然界的花卉採擷最豐美、最偶然的美感體驗，再現自然的象貌，一方面銜接夢幻與事物的底層含義，運用現實的形體做為潛意識中最瘋狂部份的比喻。作者的自畫像淡然若素，或許戀人就潛藏在假面下，是否他就是對的那一個人，需要一些的運氣；最常見的情形，是在遭受創傷，歷經萬劫不復的痛苦之後，才看清楚撕下假面的他。

圖7：楊佳蓉，《繁花夢旅--瑞士印象》，2009年，油彩‧畫布，65×53 cm。

圖8：楊佳蓉，《繁花夢旅--芙蓉，蘭，旅行的印記》，2015年，油彩‧畫布，65×53 cm。

藝術治療與生理治療的結合

藝術創作對心靈有療癒效果，對有生理疾病的人，也有很好的治療效能。在藝術創作期間，他們可遠離生活中既有的疾病，能夠短暫忘記生病的不適；並察覺到平時可去體驗其他有趣的事情，而非只關注於疾病。透過藝術創作的過程，幫助有生理疾病的人在生活中重新獲得控制的工具，提升生活的品質。

投入藝術創作的歷程中，身體上可獲得正向的改變，說明如下：

一、經大腦掃描顯示，在創造思考的這段時間，會促進血液流動，增多了穩定活潑的α波，促使冥想的身心放鬆和自我覺察。也增加化學物質血清素，可活化憂鬱症狀。

二、醫院的藝術治療已證實好處包括：病人減少壓力，提高和病症的溝通能力，促進呼吸、血壓和心律。

三、創造性經驗能提升大腦功能與架構。對於老人，可增加大腦細胞的連結，增進記憶和反應。

四、藝術創作使人懷有正向願景，促進免疫系統的抵抗能力，消除因年紀增長所造成的睡眠障礙和憂鬱心情。

五、創造力增強人的能力，為生命提供更長壽、更活躍的可能性。

Bernie Siegel，M.D. 說：「我希望所有外科醫生可以在診斷和治療的工具中，增加一盒蠟筆。」可知藝術治療與生理治療的結合其來有自，最早的藝術治療適用於生理疾病有關的治療中。原因如下：一、尋找可彌補藥物治療不足的治療方式，讓藝術治療有助於醫療。二、藝術可傳達身體與心靈之強而有力的意識與潛意識訊息。三、對於患有嚴重疾病的病人，藝術創作的歷程是一有效的治療方式，可幫助辨識內在痛苦感受與生理病症，並加以因應。

在圖像的顯示和運用上，如：夢境圖像可預知生理疾病，此想法可回溯到早期的希臘時代；又如：圖畫和其他藝術表現可表達身體症狀、疾病的內涵、跟健康狀況相較的劇烈改變。藝術體驗的方法可用顏色表達生理上的疼痛，兒童在藝術表現上可能使用黑色或紅色去表達生理上的疼痛，有一小女孩即以黑色區塊表達腹部疼痛的症狀。

延伸以上方法，「身體繪圖」是表達健康情況的活動，初始使用鉛筆或黑色簽字筆製作身體圖像樣版；接著閉眼感受身體，從腳到頭各部位確實感受，在心裡為身體所有的感覺，如緊繃、疼痛等任何感覺做註記；然後使用彩色媒材，將身體的各種感覺用相異的色彩、線條或形狀填滿。身體圖像外圍的空白處也可進行創作。這是一種自發性的創作，以此表現身體的感覺，不必擔心是否符合事實的特徵，只需將身體狀況轉移到藝術創作。

　　完成「身體繪圖」的圖畫後，寫下一些詞語描述圖像（如圖9描述：「此時覺得有些頭暈、頭痛、肚子餓。」），可嘗試回答以下問題：一、最明顯的症狀（疼痛、腫大、發癢、創傷、發炎等）在哪裡？二、這些症狀有特定的形狀、顏色、線條嗎？三、在你的身體裡還有其他感受嗎？你如何用形狀、顏色、線條來描繪它們？答覆了以上問題，也就經歷了一次與身心健康有關的藝術治療過程。

圖9：簡嘉慧，《身體繪圖》，2016年。

芙烈達的藝術人生

　　許多藝術家使用藝術來表達有關疾病的掙扎，墨西哥超現實主義畫家芙烈達就是一位具代表性的人物（圖10、11、12），她生命中畫了許多自畫像的作品，這些繪畫呈現她終其一生的健康問題。

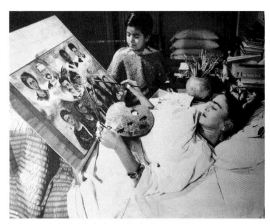

圖10：在病床上作畫的芙烈達，照片。

圖11：芙烈達與迪亞哥，照片。

圖12：芙烈達，照片。

　　芙烈達，出生在墨西哥城南部的科瑤坎（Coyoacan）街區。父親是德裔猶太人，他是畫家與攝影師，家族來自羅馬尼亞的歐拉地（Oradea）。芙烈達在6歲時感染了小兒麻痺，或說她患有脊柱裂的先天疾病，導致脊椎與腿部的發育發生問題。芙烈達在18歲（1925年）出了嚴重的車禍，造成下半身行動不便，她藉著過人的毅力，在一年多後行走能力得到恢復，但她仍然纏受後遺症的痛楚，她經歷多達三十五次的手術，最終右腿膝蓋以下仍須截肢。加上芙烈達結婚後，她懷孕不幸流產，因而遭受到很大的身心痛苦，當時她畫了《醫院（Henry Ford Hospital）》（圖13）這幅作品，表達她深沉的悲傷。

圖13：芙烈達，《醫院（Henry Ford Hospital）》，1932年，油彩，Metal。

　　芙烈達在用繪畫來轉移對苦痛注意力，畫出一幅幅她對於病痛的感覺、感受和想像，她的作品經常充滿隱喻，以及具象的表徵，讓觀者對一個弱小女人竟承受各種強烈痛苦感到震驚。她畢生的畫作大都是自畫像，尤其是支離破碎的畫面，加上心臟、器官分離、開刀等具體的表徵，如畫作《兩個芙烈

達》（圖14），表示畫家身心承受的苦難。芙烈達曾解說
她為何對自畫像一畫再畫，她說：「我畫自畫像，因為我
常獨處，也因為『我』是我自己最了解的主題。」顯示她
在復原期是和他人隔離的，她獨自品嘗孤獨，也就畫了許
多自畫像。

圖14：芙烈達，《兩個芙烈達》，油彩‧畫布。

芙烈達的畫作引起了墨西哥壁畫家迪亞哥‧利弗拉
（Diego Rivera）的注意，她最初與迪亞哥學畫，後來兩
人發展成熱烈的愛情，旋即結婚，芙烈達有描繪婚禮的畫
作《芙烈達與迪亞哥》（圖15）。婚後，迪亞哥的多情行
徑並沒有因婚姻承諾而消弭，芙烈達因深愛丈夫而一忍再
忍，直到迪亞哥與她的姊姊交歡，終於使芙烈達痛心至無
法忍受，兩人才分居。這段期間芙烈達身心遭受很大的折磨，她
到巴黎辦個展，這才發現她自己對丈夫的愛已遠遠勝過愛自己，
此時迪亞哥卻要求離婚。後來迪亞哥現身，重新向芙烈達求婚，
從此直到芙烈達的生命終點，迪亞哥沒有離開過她，一直陪伴在
她身旁。

圖15：芙烈達，《芙烈達與迪亞哥》，油彩。

芙烈達受迪亞哥影響，也支持墨西哥社會運動，當時蘇聯革
命領袖里昂‧托洛斯基被蘇聯領袖史達林驅逐出境，流亡到墨
西哥後，曾受迪亞哥的接待，迪亞哥請求芙烈達（此時兩人已分
居），讓托洛斯基夫婦住到她家中。傳說托洛斯基與芙烈達近水
樓台，互相吸引，產生了一段情，因此托洛斯基夫婦搬離了芙烈
達家，搬到幾條街之外的房子，之後在那裡遇刺去世，不久芙烈
達改變思想，轉而支持史達林的蘇聯政權。

芙烈達在1954年病故，但也有人推測她是自殺，她被葬在科
瑤坎。後來芙烈達的故居「藍房子」（La Casa Azul）（圖16）成
為博物館，至今仍陳列著她的遺物，包括杭州刺繡廠出品的共產
主義領袖繡像，和畫架上一幅尚未完成的毛澤東畫像。

圖16：芙烈達的故居「藍房子」，照片。

芙烈達的作品有象徵主義的風格，也有超現實主義的畫風，
她曾以超現實主義畫家為名辦過幾次畫展，然而她不侷限自己僅
是超現實主義畫家，她好稱自己是20世紀末的女權主義畫家，因
她的畫作專注於公正的繪出女性題材與譬喻，可看出她是崇拜女
性的；此外有很多的記載指出芙烈達是位雙性戀者。

芙烈達深受墨西哥文化的影響，她經常使用明亮的熱帶色彩，並採用寫實主義和象徵主義的風格。芙烈達的自畫像非常有特色，尤其是她的一字眉（Unibrow，左右眉毛連在一起）和嘴唇上薄薄的髭十分聞名，在畫作《有猴子伴隨的自畫像（Self-Portrait with Monkey）》（圖17）上可看到熱帶風情與面貌特徵；在她所有的畫作中自畫像便佔了三分之二。法國羅浮宮博物館收藏的第一幅拉丁美洲（墨西哥）畫家作品，就是芙烈達的畫作，可見世人對她繪畫藝術的推崇。

圖17：芙烈達，《有猴子伴隨的自畫像（Self-Portrait with Monkey）》，1938年，油彩‧Masonite。

梵谷的藝術人生

據精神學家Jamison表示，藝術家：畫家、作家、音樂家等，有較高比率符合躁鬱症或憂鬱症，這些精神疾病有時會增強或引發某些人的創造力。藝術家遭遇情緒障礙，其中較有名的例子就是梵谷。梵谷的家人遭受躁鬱症和憂鬱症之苦，梵谷在他孩童時期就有憂鬱症，持續到成人期。不只一百種的診斷證實，梵谷的疾病包含精神分裂、腦瘤、癲癇、梅毒、酒精中毒和成癮等，這些疾病都可能導致他躁鬱症發作。梵谷也有好幾次藉吞有毒的顏料和松節油做為自殺的方式。

1853年，梵谷生於荷蘭的小村莊格羅渥忒─松丹特，他的父親是基督教新教牧師，梵谷自小喜歡繪畫，十六歲時曾到海牙，在叔叔畫行總行當職員，1876年被解雇後返回故鄉。1879年，他到貧困的礦區任牧師，他懷抱宗教熱忱投入工作，卻因精神過度沉溺而被解除職務。他在礦區短短八個月，畫了大量素描，從此他立志要獻身藝術，並接受弟弟西奧的經濟援助。

1880年梵谷前往布魯塞爾，學習透視學和解剖學，後因生活拮据，輟學返鄉。梵谷的第一批油畫在1882年產生，屬於荷蘭時期的畫作，繪畫主題為農民和農務，用色暗沉，造形凝滯。1885年考取比利時安特衛普美術學院，他研究日本浮世繪版畫和魯本斯作品，但因日以繼夜繪畫而積勞成疾，又因與教授起衝突而退學。

1886年梵谷定居巴黎，西奧為他引見藝術名流，因而他結識了畢沙羅、秀拉、羅特列克和高更等畫家；他的繪畫題材和色彩都有了轉變，題材轉向花卉、景物和自畫像等，技法則傾向印象派，還曾採用新印象派秀拉的點描法；這一時期他繪作了《自畫像》（圖18）和《坦根老爹》等畫。1888年梵谷抵達普羅旺斯省亞耳鎮後，畫了更多風景畫，如《昂格拉

圖18：梵谷，《自畫像》，1887年，油彩‧畫布，44×37.5 cm，荷蘭阿姆斯特丹梵谷美術館。

圖19：梵谷，《豐收景象》，1888年，油彩·畫布，73×92
cm，荷蘭阿姆斯特丹梵谷美術館。

圖20：梵谷，《夜晚露天咖啡座》，1888年，油彩·畫
布，81×65.5 cm，荷蘭國立渥特羅庫勒穆勒美術館。

橋》、《豐收景象》（圖19），還有《夜晚露天咖啡座》（圖20）、《夜晚的咖啡館》與《梵谷
的臥室》等。梵谷在聖雷米（1889年他於此地進入精神病院）和奧文斯（1890年他於此地自殺逝
世）時，他的繪畫風格更加奔放。

　　梵谷屬於藝術心理學說的「自我表現型」，花卉彷彿一團團燃燒跳動的火球，所畫的向日葵強
烈地擁有個人特色，亮麗的色彩、狂放的筆觸蘊含堅決的意志力和生命力。梵谷的向日葵畫從花
苞、盛開花盤到凋萎乾枯都有，花朵的色調豐富強烈，筆觸大膽有力，把向日葵豐盈的體態揮灑得
淋漓盡致，他曾在信件中表示要畫許多向日葵作品來裝飾畫室，色彩從最淡的淺黃、橙黃色至最濃
的深藍色。

　　後來梵谷與弟弟西奧
邀請高更至亞耳與他同
住，梵谷為表示歡迎的欣
喜，以向日葵畫作來裝飾
高更的房間。梵谷與高更
一塊作畫激起許多創作火
花，但也因兩人創作理念
和個性不合，引起許多爭
吵，導致梵谷精神錯亂，
割下他自己的右耳，高更
也離開了亞耳。梵谷因此
畫下割耳後的自畫像《耳
朵綁上繃帶的自畫像》
（圖21），足證他當時混

圖21：梵谷，《耳朵綁上繃帶的自畫像》
1889年，油彩·畫布，60.5×50 cm，英國倫
敦可陶德學院畫廊。

圖22：梵谷，《花瓶裡的十五朵向日
葵》，1889年，油彩·畫布，95×73
cm，荷蘭阿姆斯特丹梵谷美術館。

亂的情緒；並畫有一幅《花瓶裡的十五朵向日葵》（圖22），表現事發後特別安詳寧靜的心境。

梵谷的傷感情緒和內在混亂，讓他具有旺盛的創作力。在他短短八年的藝術家生涯中，他創作出將近八百件作品，其中四百件竟是在他最後一年創作的。梵谷的創作風格、圖像、行為與他的憂鬱症有所連結，他的漩渦狀筆觸，如同暗指他處於躁症期。在梵谷的生命最後一個夏天，他在信裡說：「我畫了一幅巨大的圖畫，是

圖23：梵谷，《麥田群鴉》，1890年，油彩‧畫布，50.5×103 cm，荷蘭阿姆斯特丹梵谷美術館。

混亂天空下的麥田，我並不覺得不好意思去表達傷心和極度的孤獨。」這就是梵谷最後的畫作《麥田群鴉》（圖23），描繪一片黑暗的天空，顯示暴風雨即將來臨，空中一群黑色烏鴉飛起亂舞，這不尋常的景象意指困擾他的情緒狀態，以及暗示他自殺的徵兆。

梵谷是一位深具使命感的畫家，他創作時自我表現的感情非常真實而熾熱，他所欲表現的是對事物的強烈感受，而不只是他眼前的視覺形象，此種畫風影響了後起的表現主義畫家（如：孟克），因此梵谷的風格在現代繪畫中歷久不衰，而此種風格與他的身心狀態息息相關。

結語

世界上一些偉大的藝術作品，就如梵谷的畫作，即來自於情緒的困擾，許多藝術家認為災難是激發他們藝術創作的動力。但創造力並非總是情緒混亂的結果，心理學家Rollo May所寫的《創作的勇氣》中提到：「創作歷程一定是探索而來，並非是生病的結果，是情緒健康的最高表現，是正常人實現自我的行為表現。」此指正向的心理可發展出創作歷程和自我表現的成果。

May也觀察到有創造力的人，通常具有和悲痛情緒共存的特別性，並有能力將悲痛情緒轉化為創作，畫家芙烈達就是最好的例子。而且創造力可幫助矛盾的轉化、情緒的舒緩，可探索個人的危機、生理的痛苦和心理的混亂，因此藝術創作對人類具有強大助益。

透過藝術創作活動能達到藝術治療的效果，「藝術+治療=作品+歷程 = 有力的療癒」，並且藝術治療與生理治療結合可發揮極佳的效力。因此可知藝術創作可以表現真實的自我；可以使情緒與創傷得到舒緩，使危機獲得紓解或成為轉機；可以經由圖像傳達個人的故事；可以拓展自我的理解；可以經歷自我的轉化，發現內在的頓悟；可以增加幸福感受，提升身心健康，豐富每一天的生活。

（「參考文獻」合併於本書後面「參考書目」）

（內容引自：楊佳蓉，〈藝術與身心健康--以芙烈達、梵谷的藝術人生為例〉，發表於中華花藝文教基金會《花藝家》期刊No.128，2017.8）

第十七章 藝術與生活精神—

體認西方藝術
賞析現代主義與後現代主義時期的藝術

藝術反映出時代與藝術家的生活精神，尤其有些藝術流派更加強調情緒、情感、性情與思想的表達，以下將探討與賞析現代主義及後現代主義時期的藝術，藉以了解藝術與生活精神的關係。

現代藝術（Modernism Art）

二十世紀以來的現代主義藝術又稱為「現代派」，藝術家採用解析的、抽象的、寓意的、荒誕的、表現的視覺語言，來反映人生和社會，而不直接去描繪現實。現代主義藝術的理論基礎為「為藝術而藝術」，繪畫需擺脫對自然、文學、歷史的依賴；而對於現代工業科技，或加以利用或表示迴避。現代主義藝術包含立體派、未來派、達達主義與超現實主義等。

一、立體派

現代主義藝術脫離寫實的傳統藝術，不用一般的透視畫法，「現代繪畫之父」塞尚的繪畫追求幾何結構和形象的重量感、體積感，且運用二次元的鳥瞰透視法，立體派受塞尚影響，表現形式是將主體置於非單一視點下做徹底的分析，同時呈現多面形相，呈現二次元的繪畫空間，屬於廣義的抽象。

畢卡索和布拉克最初和塞尚一樣，確認對象存在和畫面構成是最重要的，如《水果盤與酒杯》（圖1）是畢卡索於初期立體派（約1907-1910年）的作品，僅用藍綠色或棕褐色，運用多面的形式表現形態。接著分析立體派（約1910-1911年）仍以形態為重，注意到被省略的內部細小形態，著手將對象徹底解體，如《韋漢・烏德的畫像》（圖2）。到

圖1：畢卡索，《水果盤與酒杯》，1908-1909年，油彩・畫布，92×72.5 cm，蘇菲亞藝術中心。

圖2：畢卡索，《韋漢・烏德的畫像》，1910年，油彩・畫布，81×60 cm，私人收藏。

了綜合立體派（約1912-1915年），事物的現實形態又再度被重視，於是在畫面導入其他素材，如記錄、文字、日常物品......等，因此現代拼貼藝術，西洋美術史家都認為從立體主義開始，代表作品如畢卡索的《有籐椅的靜物》（圖3），先貼上印著籐椅圖案的布，然後作畫，再用麻繩框邊，完成此靜物作品。

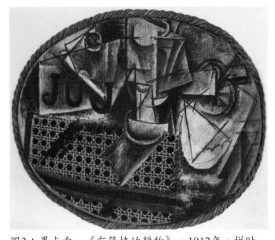

圖3：畢卡索，《有籐椅的靜物》，1912年，拼貼、油彩·畫布，29×37 cm，巴黎畢卡索美術館。

二、未來派（Futurism）

未來主義起於1909年，在義大利興起，由馬利內蒂（Marinetti，1876-1944）和巴拉（Balla，1871-1958）所提出。他們反映現代文明的特色，反對寧靜和柔美，主張狂熱不羈、體操式的步伐，強調動與力的粗獷。未來派所欲表現的是「正在動的機器或人物」，必須「有動力的感受」，畫家在一定點，觀察物象的移動，加入時間的衡量，將動態的軌跡組合在同一畫面上，形成「流動性透視」。

法國杜象（Marcel Duchamp，1887 -1968）在1912年畫了《下樓梯的裸女》（圖4），展時引起極大爭議，畫中有分解、組合的身體，行動中的人有類似機械式的腳步，給人剛冷的理性感覺。薄邱尼（Boccioni，1882-1916）主張追求生活中的生命力和速度，作品如《彈性》（圖5），在《侵佔房舍》（圖6）中，甚至以動感的手法構想靜止的物體。

圖4：杜象，《下樓梯的裸女》，1912年，油彩·畫布，146×89 cm，美國賓州費城藝術博物館。

圖5：薄邱尼，《彈性》，1912年，油彩·畫布，100×100 cm，義大利米蘭布雷拉博物館。

圖6：薄邱尼，《侵佔房舍》，1911年，油彩·畫布，100×100.6 cm，德國漢諾威史匹倫基爾博物館。

圖7：薄邱尼，《騎士的攻擊》，1914-15年，綜合媒材，321×50.2 cm，米蘭私人藏。

　　未來派首先承認機械文明和傳播技術對於藝術的影響，他們護衛報紙、電影、攝影、電話、電報等傳播媒體，頌揚動態、能量、力能、噪音等工業特徵。未來主義的藝術家很廣泛的使用拼貼技巧，冀求在繪畫性之外，也能重視「紙貼法」和「介入法」的地位，例如薄邱尼的作品《騎士的攻擊》（圖7），內有糊貼報紙及結合瞬間運動的畫面。

三、達達主義

　　達達積極推展反藝術、反美學的立場，在歐洲和美國文化造成衝擊，杜象是達達精神的先驅者，他的原創性貢獻是直接搬出「現成品」，1917年他提出最有名的作品《噴泉》（圖8），即直接擺上衛生器具（男性的小便池），他發現只要給予對象一個題目，就能有意義的、強烈的改變物體的真實性。

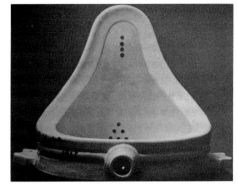

圖8：杜象，《噴泉》，1917年，衛生器具，磁釉。

四、超現實主義

　　現代主義受康德之先驗哲學與現代哲學影響，尤其是佛洛依德、榮格、尼采等人的思想。超現實主義強調不辨識物體的現實外貌，放棄物品在日常生活中的功能，重視思考其中的象徵意義，象徵（symbol）即以和主題有關的具體事物暗示隱藏的特殊寓意，顯現比原本物象更豐富的內涵，而內心的思索、精神的狀態、潛意識和夢的世界等皆是表達的範疇。

　　超現實主義是在1924年於巴黎開始的藝術運動，面對兩次殘酷的戰爭景象以及工業社會的冷漠，所產生的反叛美學；深受心理學家弗洛伊德的影響，畫家嘗試將現實觀念與本能、潛意識、夢幻的經驗相互揉合，以達到一個絕對的、超然的真實情境，並具有直覺的批判性，達利（Salvador Dalí，1904-1989）稱之「非理性批判」或「偏執狂的批判方法」。

超現實主義的創作技巧有「自動性記述法」、「現成物體」、「摩擦法」、「拓印法」、「定義黏貼法」——這些拼貼技巧開始於綜合立體派，而在超現實主義再度被大量使用。拼貼、蒙太奇、自動素描、精緻屍體等都是超現實主義運用的主要方法。其創作的要訣有三點：（1）組合新造型；（2）物體出現於奇特空間；（3）不相關物體的擺設。例如米羅曾以繪畫或拼貼法構成超現實作品，如《變形的鳥》（圖9）等。

圖9：米羅，《變形的鳥》，1943年，綜合素材，11×18.5 cm，私人收藏。

　　超現實主義產生的具體抽象，喚回真實的內在，達利的一幅作品《時光靜止（永恆的記憶）》（圖10），用來自潛意識的柔軟扭曲形體，以表現「永恆記憶」的隱喻。超現實主義藝術家認為「女人是夢幻中非理性的慾望」，達利常把妻子卡拉帶入夢幻想像的世界中，如《天球構成的卡拉形象》（圖11）等，這些女性圖像皆是畫家心中的繆思女神。達利面對所愛的女人時，產生挫折恐懼與欲望佔有的矛盾心理，顯示卡拉具有雙重角色，故達利的畫中渴望性愛和恐懼性無能的意象交互流露著。

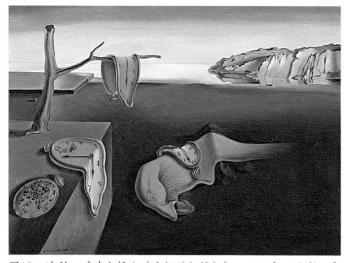

圖10：達利，《時光靜止（永恆的記憶）》，1931年，油彩‧畫布，24.1×33 cm，私人收藏。

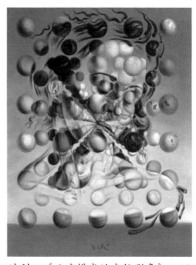

圖11：達利，《天球構成的卡拉形象》，1952年，油彩‧畫布，65×54 cm，費格拉斯達利博物館。

後現代藝術（Postmodernism Art）

　　藝術中心也由現代主義的法國巴黎，轉移到後現代主義的美國紐約。50、60年代以後，變成多元化的後工業社會，也成為消費、傳播媒體、資訊及電子高科技的時代；後現代藝術綜合蒐集到的各種意象、歷史、創作技巧和風格，組成一種拼貼式的整體。後現代藝術的創作包含以下特性：挪用與寓言性、圖像之組構、拼貼與再現，以及觀眾參與藝術創作。

歐美在政治和經濟的保守氣氛下，形成返回歷史、傳統的藝術潮流，後現代藝術家顛覆現代主義中存在的「風格」和「原創性」，以挪用的手法來創作，引用、模擬以往的舊風格、舊主題和傳統繪畫技巧，甚至直接摘錄、複製、抄襲歷史名作圖象或當代媒體影像；解構原本的圖象、影像，重新加以組合，包容並存過去與現代兩種不同的時間性，用隱喻和轉喻的方法，使藝術品產生寓言性。

在電子科技高度發展的環境下，後現代的圖象組構普遍運用影像的並置、拼湊和聚集累積等技法，藉以建構寓言性，思考呈跳躍式與拼圖式；相異於現代主義的理性邏輯、線性思考與結構完整。後現代藝術呈現的是分裂的意象，應用拼貼，把不相干的風格和影像重新拼組成作品，「再現」的手法更為靈活，藝術家不需再建立新風格、創造新形式，因而藝術家退居於作品後面，僅是提供許多資訊給觀眾，喚起觀眾的想像，甚至要求觀眾參與這些創作活動，刺激觀眾對作品產生心理反映。

後現代藝術家如漢彌頓（Richard Hamilton，1922-）在1956年參與「這就是明日」的藝術展覽中，以拼貼的手法製作海報，採用一些現成的素材，包括健美男子、露胸美女等圖案，並以電視、沙發、畫像等拼製成客廳的擺設，顯現一般人的生活和嚮往；這幅名為《到底是什麼讓今日的家庭變得如此不同，如此動人》（圖12）的作品，其創作方式是反傳統的，創作內涵卻是傳統的家居生活，猶似十七世紀荷蘭的世俗畫。

圖12：漢彌頓，《到底是什麼讓今日的家庭變得如此不同，如此動人》，1956年，拼貼。

這時期的藝術有：新達達主義、集合藝術、普普藝術、偶發藝術與觀念藝術等，發展出模擬與挪用的後現代藝術，沒有原創和革新，只有將各種技法和媒材混合，把各種相異事物組合起來，形成各種藝術風格混雜的現象。

一、新達達主義

1955年左右新達達主義掘起於美國，和達達主義的精神類似，與發生在歐洲的新寫實主義很接近，一樣是普普主義的前身。新達達反對物質主義的社會，對於人類的生命和精神受威脅，提出反抗的主張。代表藝術家如：約翰張伯倫(John Chamberlain，1927-)，其作品《水蠟樹》（圖13）將汽車的碎片重新拼製成雕塑。

圖13：約翰張伯倫，《水蠟樹》，1956年，汽車的碎片，拼組雕塑。

二、集合藝術

集合藝術活躍於1950年代晚期，1961年在美國紐約現代美術館舉行「集合主義的藝術」，其思想直接受到達達主義影響，也反映大量生產、物質過剩的時代，以致破銅爛鐵的產生。集合藝術大量使用黏貼技巧和物體藝術，利用較為精緻的材料，藉以組合、黏貼，作品具有幽默諷刺的意

味。代表藝術家如：衛塞爾曼（T.Wesselmann,1931- ），其作品《澡盆拼貼第三號》（圖14），內容為在一部份真實的衛浴設備中，繪出擺弄姿態的人物。

圖14：衛塞爾曼，《澡盆拼貼第三號》，1963年，實物、拼貼。

三、普普藝術

普普藝術（Pop Art）萌發自50年代的英國，50年代中期盛於美國。普普藝術是英評論家阿洛威（Alloway）所創見的名詞，意思是流行藝術或通俗藝術，是可以傳播出去的。他們企圖描繪生活周圍的事物，後來乾脆照抄、放大，甚至拿出實物來；運用廢棄物、報刊圖片、商品招貼、電影廣告和漫畫等做拼貼的組合，其實是屬於達達的精神。《瑪麗蓮夢露》（圖15）是美國安迪·沃霍爾（Andy Warhol，1928-1987）的著名版畫，以名人、明星的形象顯現，加強細部的變化，形成冷漠的風格。

圖15：安迪·沃霍爾，《瑪麗蓮夢露》，1967年，絹網印花·紙，200×500 cm，安迪·沃霍爾博物館。

四、偶發藝術

1959年開始的偶發藝術（Happening Art）源於達達主義和普普藝術，其將藝術和現實生活聯結，觀眾參與行為也被視作藝術環境之一部份，例如：韓森(Al Hansen，1928-)導演一個偶然事件，製作「在某個時空下發生的狀態及事件的拼貼」，使藝術成為一種動態的「真實的事件」，而且是親身感覺和經歷的完全反應；所以往往結合視覺藝術、戲劇和聲音的表演，通常還會配合錄影。

五、觀念藝術

1966年產生的觀念藝術，又稱為「思索藝術」（Think Art）或「實體之外的藝術」（Beyond-the-Object Art），受偶發藝術和環境藝術的影響，再加上「破壞和反動」的達達精神；強調觀眾直接參與藝術創造活動，因此藝術家展出尚待處理的半成品，讓觀眾能在觀賞的過程當中，把作品在腦海裡完成。小野洋子(Yoko Ono，1932-)的作品逐漸將物體或事件變成觀念藝術，最後形成「藝術語言」，他的拼貼事件作品如1961年的《為風繪畫》（圖16），上面除有題目外，用打字機打出指示：「將一張畫剪碎，並任其飄散至風中」。

圖16：小野洋子，《為風繪畫》，1961年。

第十八章 藝術與生活精神──

體認東方藝術
賞析中國藝術的特色與意境

　　中國藝術悠久豐富，本文賞析中國藝術的特色與意境，藉以了解藝術與生活精神的關係，於此大部分以繪畫為主，將依時間由古至今以標題式擇要說明。

戰國的《人物龍鳳帛畫》和《人物御龍帛畫》

　　在湖南省長沙出土的戰國時期帛畫《人物龍鳳帛畫》和《人物御龍帛畫》是世界上最早的絲織物繪畫，它們都是墓裡的陪葬品。

圖1：《人物龍鳳帛畫》，戰國，帛畫，湖南省長沙出土。

　　中國繪畫可推溯到西元前六世紀春秋時代的壁畫，或可更推溯到西元前九世紀，在河南安陽宮殿的牆面幾何圖飾。帛畫是最早使用的繪畫材質，指描繪在絲織物上的圖畫，盛行於前秦到西漢；而紙於漢代才開始使用。這兩幅帛畫雖不是嚴格定義下的書畫，但已具卷軸畫的基本特點：繪於可移動可舒卷的絹或紙材料上；且使用中國毛筆和墨為主要繪畫工具。不過它們在當時並非供人欣賞的繪畫藝術品，而是引導逝者靈魂升天的「銘旌」，或說「放置在墓內棺上」(此言引自石守謙等著，《中國古代繪畫名品》)，蓋因出土時覆蓋在棺上，推測是在喪禮路上作幡，引魂升天使用後最後下土的；以上說法即指這兩幅畫原屬於喪葬用品。

　　最初的帛畫內容，大都以神話人事物為主，以流暢的線條描繪，造型頗為傳神；根據當時楚國的習俗並結合文物考證，這兩幅畫中的人物形象都是墓主人，描繪的是喪禮內容。《人物龍鳳帛畫》（圖1）又名《晚周帛畫》、《夔鳳美女圖》，質地為平紋絹，主題是藉著龍鳳的引領，墓主人能安然抵達西方極樂世界，圖中畫有一貴族婦女，身著長裙，頭梳高髻，封腰寬袖，側身向左，合掌如祝禱狀，婦女上方畫有一鳳昂首飛舞與僅現一足的龍蜿蜒升騰，《說文解字》上解釋「夔」：「如龍，一足。」黃椿昇編著的《藝術導論──談美》中說：「夔紋的特徵是一足，事實上，這是一種古代雙足龍的動物簡化表現，因為在圖案化的表現中動物常以側

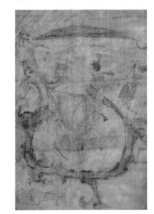

圖2：《人物御龍帛畫》，戰國，帛畫，湖南省長沙出土。

面的型態出現......」傳說鳳是神鳥，夔是怪類；在騰龍舞鳳的引魂下，墓主人靈魂向天國飛升。墓主人神態莊重虔誠，處於靜態；龍鳳飛動，處於動態，前後者形成對比，畫面構成對比中的和諧。

　　《人物御龍帛畫》（圖2）又名《馭龍圖》，細絹地，圖中人物為一貴族男子，從墓葬明器來

看，可能為一位楚國大夫，身著長袍，頭戴薄紗高冠，蓄有鬍鬚，神情瀟灑，側身向左，腰佩長劍，手挽韁繩立於龍舟上，衣飾如人頦下的繫帶飄向右方，構成強烈的動感，表示乘龍舟迎風挺進，畫面表現男子駕馭舟形巨龍向天國飛升的景象；且頭頂有飛揚著飄帶的華蓋，龍頭高昂，龍尾企立一引頸放歌的孤鶴，龍身下部游動一鯉魚，郭沫若先生題詞說：「仿佛三閭再世，企翹孤鶴相從，陸離長劍握拳中，切雲之冠高聳。」「三閭」即指屈原，《史記‧屈原列傳》和王逸《楚辭章句‧離騷經序》均對屈原生平事蹟有所記載，王逸說：「屈原與楚同姓，仕于懷王，為三閭大夫。三閭之職，掌王族三姓，曰昭、屈、景。屈原序其譜屬，率其賢良，以厲國士。」故可知屈原曾任三閭大夫之職，主要掌管楚國貴族譜系和教育貴族子弟成為賢能的人材。

這兩幅畫的人物都做正側面的立像，儀態優美肅穆；畫中的龍或鳳皆是神獸坐騎，而不是使人心生恐懼的怪獸；主題顯然與戰國流行的升仙思想相關。在繪畫技巧方面，在絲織品上採用墨筆勾線，挺拔流暢，格調莊重富麗；人物畫已有寫實感的傾向，但基本上還擺脫不了圖案化的風格。

秦始皇墓兵馬俑

位於陝西省臨潼縣的秦始皇墓，於1974年開始挖掘，在挖掘秦始皇墓外圍的時候，發現為數眾多形似戰陣的陶馬與陶製士兵（圖3、4），所有馬匹和士兵都與實物同大小，士兵之高度皆在175至185公分之間，可推知古代

圖3：將軍俑，陝西省臨潼縣的秦始皇墓。

圖4：軍吏俑，陝西省臨潼縣的秦始皇墓。

中國人的身材可能非常高大。陶製馬匹是每四隻為一組，馬身高大肥短，與漢唐所見戰馬有類似之處。

初期發掘出土的兵俑約有六千座，之後相繼發現銅製品和武器。士兵陶俑的手足皆為實心，而頭、身和臂部則為空心，部分塗有彩色。所有陶馬及士兵都非模型所製，而且表情各異、神態生動，可見秦代塑匠的技藝頗高，而築墓耗工極為巨大。

漢代畫像石刻

漢代畫像石刻被譽為是「敦煌前的敦煌」，同是我國古代藝術中的瑰寶。畫像石刻大都出土於漢代墓的石壁上，題材內容豐富，雕刻形式古樸，以浮雕與線刻為主，內容包括：歷史故事、神話傳說、天象行宿、車騎出行、舞樂百戲、奇禽怪獸、狩獵鬥雞和樓闕建築等。

以武梁祠的石刻（圖5）為例，其中一圖：中間部分有兩人伏於地跪拜，是孔子問禮於老子的情形；左側有一大樹，樹上有鳥，有人持弓射之，是后翌射日的故事。伏地跪拜兩人的體形大小相似，雕刻家使用重疊的手法，將一物體置於另一物體的上面，給予觀眾前者較近、後者較遠的感覺，以此表達遠近的距離。

圖5：武梁祠石刻畫，漢代。

在此石刻畫中，建築物屋頂的兩簷均成直線，而非彎曲或捲角，顯示當時建築的簷角尚未反翹，屋脊上有兩隻鳳凰，推測為當時較重要的建築物裝飾。

「武梁祠石刻畫」把雕刻的畫像有秩序的安排在水平線上，屬於一次元的空間表現，例如〈升鼎圖〉、〈荊軻刺秦王及車馬圖〉、〈水陸攻戰圖〉等（東漢靈帝時的山東石刻）。

南朝謝赫的《畫品》

由於繪畫藝術的興起，繪畫理論的研究也開始發端，建立了專業批評制度，使繪畫開始成為一個專門的領域。南朝南齊謝赫（479-502年）於所著《古畫品錄》一書中，在序言裡提出「六法」：「一曰氣韻生動，二曰骨法運筆，三曰應物象形，四曰隨類賦彩，五曰經營位置，六曰傳移模寫。」其中，「氣韻生動」最顯重要，「氣韻生動」的概念就是「神韻」、「神氣」、「生氣」、「壯氣」、「神運氣力」……；除了具備運筆的有力與形象的確實、位置的妥善經營、色彩的巧妙敷設外，更須注重「以形寫神」，藉由物體的外在形象表現大自然內藏變化萬千的氣韻。

唐代繪畫

一、山水畫

唐代的山水畫繼隋代之後，更為蓬勃發展，趨於成熟，並且形成風格不同的兩大流派。一是以初唐的武將李思訓、李昭道父子為代表的「青綠山水」；一是以盛唐文臣王維為代表的「水墨山水」。明代董其昌以佛教禪宗南北之分來譬喻李思訓和王維，稱李氏為北宗山水的鼻祖，而將王維視作南宗山水的奠基人。

李思訓、李昭道父子在中國繪畫史上他們被稱為為大、小李將軍。他們擅長用「青綠山水」畫殿閣樓台。「青綠山水」以勾勒為法，用筆細密煩瑣，顏色以石青、石綠為主；有時為了突出重點，勾以金粉，使畫面產生金碧輝煌的裝飾效果，亮麗壯觀，工整細緻。台北故宮博物院現藏有李昭道的《春山行旅圖》和《明皇幸蜀圖》與李思訓的《江帆樓閣圖》。

王維是一位畫家，也是一位詩人，蘇軾評論他的作品：「詩中有畫，畫中有詩」。他的「水墨山水」畫以渲染為法，用筆簡練奔放，強調水墨效能的發揮，即便設色，也講究自然清淡，追求含蓄、悠遠、純淨的境界。其繪畫方法影響到

圖6：王維，《輞川圖》，唐（八世紀）。

往後的一千年。他的繪畫中流露一股禪學思想，其畫作《輞川圖》（圖6）被形容為「山谷鬱鬱盤盤，雲水飛動」，還有「意出塵外」的構思，故其繪畫風格被後世稱為「輞川樣」。

王維的水墨山水符合中國文人的審美情趣，也符合老子的美學精神，人以超越世俗的虛靜之心面對山水，山水也以純淨之象進入人心，人與自然相融相忘，在藝術上達至「體物精微，狀貌傳神」的境界。王維敏銳的以詩入畫，採用水墨的特性創作，並開闢水墨畫新境界，王維從理論與技法上奠定了文人畫風格的基礎，在精神與意境上都可被稱為「文人畫之祖」。

二、韓滉《五牛圖》

唐德宗時的丞相韓滉，擅長畫牛。現藏於故宮博物院的《五牛圖》（圖7）運用粗放豪邁的線條來表現牛的健壯樸厚。畫中五隻不同形態的牛，從各個角度表現了牛的生活形態和習性，這幅畫是中國現存最早用紙作畫的作品。

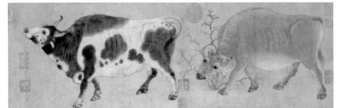

圖7：韓滉，《五牛圖》，唐。

五代南唐顧閎中《韓熙載夜宴圖》

《韓熙載夜宴圖》（圖8）畫中線條細膩，色彩華麗鮮豔。顧閎中把南唐大臣韓熙載在夜晚舉辦宴會的狀況分五個段落用畫作紀錄下來，畫中人物描繪細膩，充分表現出主人家中夜宴的豪華。由此畫可看到近小遠大的「前縮透視」表現法。

圖8：顧閎中，《韓熙載夜宴圖》，五代南唐（十一世紀末）。

五代宋初的花鳥畫

在中國美術史上，直到隋唐，才有以花鳥為題材的繪畫，中晚唐以後，花鳥畫逐漸形成中國畫的主流，五代到兩宋是花鳥畫的全盛時期。《歷代名畫記》和湯垕的《畫鑒》均記載唐代邊鸞是花鳥畫的始祖；邊鸞的最大特色是以「折枝花卉」的畫法創作，只畫出花卉的局部，呈現具有美感的理想構圖。

五代宋初有兩種畫派，宋人稱為「徐黃二體」，一為西蜀黃派，以黃筌（903-965年）為代表，黃筌是蜀中高官，繪畫風格重色明麗，其子黃居寀繼承畫風，北宋初期，黃居寀（933-?年）主持畫院，致使院體花鳥畫盛行。一為江南徐派，以徐熙為代表，徐熙以「水墨淡彩」的風格著稱，予人高逸淡雅的感覺；南宋以後，花鳥畫趨於疏爽清淡，徐派逐漸興盛。以畫風來看，一向說「黃家富貴，徐熙野逸。」後世也有尊稱徐熙、黃筌為花鳥畫之祖的說法；宋沈括於《夢溪筆談》中評論二人：「諸黃畫花，妙在賦色，用筆極新細，殆不見墨蹟，但以輕色染成，謂之寫生。徐熙以筆墨畫之，殊草草，略施丹粉而已，神氣迴出，別有生動之意。」由此可知黃筌與徐熙兩人花鳥畫風格的差異。

徐熙出身於南唐世家，畫作受中主李璟、後主李煜喜愛，宮裏均掛他的花鳥畫，稱為「鋪殿花」或「裝堂花」。徐熙首創「落墨花」，先以淡墨畫出花葉，暈出明暗凹凸，不勾線，然後再著色；而題材大多是園蔬藥苗、汀花水鳥。畫作如《玉堂富貴圖》（圖9）。

▲圖9：徐熙，《玉堂富貴圖》，南唐，絹本，設色，112.5×38.3 cm，台北故宮博物院。

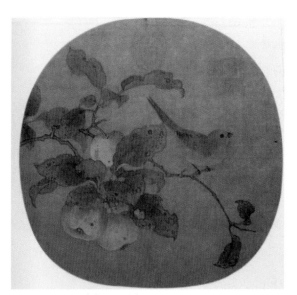

圖10：黃筌，《蘋婆山鳥》，北宋。

黃筌繼承唐代花鳥畫傳統，以「雙鉤填彩」的畫法著稱，用極細的淡墨線條勾勒輪廓，再層層渲染成柔麗的色彩，色彩和線條交融；題材多為宮中珍禽異卉，如桃花、牡丹、孔雀、龜鶴、花鹿等，圖如《蘋婆山鳥》（圖10）。

宋代的山水畫

此處舉三幅具代表性的畫作予以賞析，即范寬的《谿山行旅圖》、郭熙的《早春圖》與李唐的《萬壑松風圖》。

一、范寬《谿山行旅圖》

北宋的范寬，他是陝西華原人，常往來京洛間，他的山水畫初學荊浩、李成，後來漸覺師於人總是「尚出其下」，領悟出「師古人不如師造化，師造化不如師心源。」范寬隱居於終南、太華等山，師法自然，開創新風，其山水畫氣勢磅礡，如《谿山行旅圖》（圖11），達到自然與生命渾然一體的無形境界，畫裡中峰鼎立的構圖方式，表現出山的氣勢雄偉，即為「三遠」之「高遠」透視表現法，前景作一巨石與主峰取得平衡，並以山腰的一線飛瀑，連貫上下氣勢。

圖11：范寬，《谿山行旅圖》，北宋。

二、郭熙《早春圖》

郭熙是北宋中期的畫家，傳世作品《早春圖》（圖12）現藏於台北故宮博物院，描繪自然界由冬轉春的細膩變化，頗似老子的「守柔約強」的柔弱之美；所描繪寒冬剛過的早春景色，山野上冰雪融化，泉水涓涓流下，雄偉山巒位於畫幅正中，如卷雲狀的山頭上生長樹木（以「雲頭皴」畫山巒，以「蟹爪枝」畫樹木，筆法回護），迷濛的晨霧繚繞，近處正中三棵巨松挺立，圖中表現高遠、深遠和平遠，構圖採S形，象徵早春的生命律動。

《林泉高致集》是郭熙之子郭思記錄他山水畫創作實踐的總論，在此書中，郭熙提出「三遠四可」的畫論，三遠指高遠、深遠和平遠，四可指可行、可望、可遊和可居，他說：「凡畫至此，皆入妙品，但可行可望，不如可居可遊之為得」如老子追求純真自由、超越物我的境地。郭熙的「三遠」說：「山有三遠自山下而仰山顛，謂之高遠；自山前而窺山后，謂之深遠；自近山而望遠山，謂之平遠。」此三遠說是中國山水畫極為適當、常用的技法，以上精闢的論述是對傳統山水畫構圖與透視法的總結，也闡釋畫家從不同視點觀察山水對象，所呈現的空間感與透視現象。

圖12：郭熙，《早春圖》，北宋。

三、李唐《萬壑松風圖》

李唐是南北宋之間的山水與人物畫家，山水畫最初學習李思訓，後來改變畫法，其代表作《萬壑松風圖》（圖13）雖完成於南渡之前，仍屬於北宋的構圖式樣，但已注意到山的側面與斜面所造成的深度感。在這幅畫中，李唐以重墨斧劈皴染的畫法，呈現氣勢雄偉的氣氛，及質感極佳的山石。

圖13：李唐，《萬壑松風圖》，宋。

元代的文人畫

元代是文人畫的興盛期，由於元代以蒙古族的異族身分入主中原，元初蒙古政府廢除了科舉制度，並施行民族歧視政策，將百姓分為蒙古人、色目人、漢人和南人四個階級，因而造成江南文人所追求的「學而優則仕」的美夢破滅，他們選擇隱逸山林，專心致力於文藝創作，山水繪畫就成為他們宣洩情感與自我表現的最好方式；為了吐露心中的不平，士大夫也開始以畫畫寄托思想；因此，文人畫成為元代繪畫的主流。

追求意境美是中國美學思想的一個特質，獨具文化特性。《中國美術大辭典》中對「意境」的定義是：「文藝作品（包括繪畫、雕塑、工藝等造型藝術）中所反映的客觀圖景和所表現的思想感情融合一致而形成的一種藝術境界。」元文人畫主要四種意境美是「物我相融」、「追求神韻」、「清靜空遠」與「蕭疏澹泊」。

儒道禪三家是中國歷代知識份子的處事之道，在於儒道禪三家分別從不同面向匯合成文人整體的思考，道家的主題是自然，儒家的核心是社會，而禪宗的根本是心靈，正因儒道禪互補，形成儒道禪合一。元文人畫家以儒家思想為基礎，並修道參禪，從生活中直接尋找題材，在畫作中抒發情懷、表現自我，將詩、書、畫、印巧妙的凝結成一個和諧的藝術創作整體。元代的文人畫家，他們的人格、精神與處世同前各代文人深受儒道禪三家思想的影響，而在文人畫意境上有特別的呈現。

元初文人畫成為主流，北方文人畫家趙孟頫、高克恭等提倡復古，回復到唐朝和北宋的畫風，且將書法入畫，創造出重氣韻、輕格律、注重個人主觀抒情的元畫風格。而南方文人面臨國破家亡的事實，受到極大的衝擊，產生一批遺民畫家如錢選、鄭思肖、龔開等人，在繪畫表現上除了繼續沿用南宋「清愁」畫風的筆墨意境，更添加國仇家恨的題旨與落寞孤寂的內容。

元代中期的文人畫風格主要受趙孟頫影響，最為有名的是元四大家：黃公望、吳鎮、倪瓚和王蒙，他們將文人畫進展到一個高峰。他們在繪畫上寄託清高人格的理念，以隱逸山水以及松、石、梅、蘭、竹、菊等為意象，並在畫面上方留出空白處以便題上詩句，使詩、書、畫三者合而為一，此種藝術表現方式影響明清繪畫至今。

一、趙孟頫

在繪畫創作上，趙孟頫主張師法造化，他說：「久知圖畫非兒戲，到處雲山是我師。」強調繪畫應注重對自然的感受。他的山

圖14：趙孟頫，《鵲華秋色圖》，1295年，卷，紙本，設色畫，28.4 cm×90.2 cm，台北故宮博物院。

水畫作品中有許多都是寫生和旅遊所得到的山水印象，如《鵲華秋色圖》（圖14）。

《鵲華秋色圖》作於元貞元年（1295年），此圖描繪的是今山東省境內濟南北郊一帶鵲山、華不注山兩座山的秋天景色，圖中以披麻皴法繪出漫圓的鵲山，以解索皴或稱荷葉皴繪出高尖的華

不注山，構圖使用平遠法，並聯繫兩座主山形成左右平衡，以散點透視法繪出。樹則以樸拙直筆繪成，他將自然山水、水墨山水和青綠山水融為一體，全畫富清逸古雅的風格，回復到唐五代北宋的古樸。

二、黃公望

黃公望的繪畫一方面追求主觀情趣與筆情墨韻；一方面也重視繪畫的方法技巧，以及形象的塑造，他主張「大抵作畫，只是一個理字最緊要。」《富春山居圖》（圖15）是黃公望於八十歲左右的作品，他在晚年定居於杭州西部，經常往來於富春江一帶，從中汲取繪畫創作素材，興之所至，隨意提筆在紙上描寫佈置，把富春山周圍風景的實況與精神陸續記錄下來，累積不少畫稿。從至正七年（1347）開始，大約畫了三、四年的時間，到至正十年（八十一歲）的夏季才完成這幅六百多公分的長卷，將富春江兩岸長達數百里風景概括於筆端。黃公望在卷末記述整段創作歷程，並特別指明是為道士好友鄭無用畫的。

《富春山居圖》為黃公望代表作，他深入真山真水，描寫富春桐廬山水，畫中層巒起伏，江水平靜，點綴樹林亭舍，疏密相間，山巒、江水、樹木、房舍、人物、舟楫等看似隨興安置，卻又處處可見匠心獨具。全畫結構完整縝實，用筆簡練，使用較多披麻皴的線條，將董、巨那濃密、有秩序的披麻皴演變為更輕鬆自由的長披麻皴；以中鋒筆法畫成渾厚的山勢，同時以乾筆皴擦，以表現山巒豐富的質感和層次；叢樹平林多用橫點，筆墨紛落；並以濃墨點苔，使具有節奏感及書法的筆意，此畫突顯物我兩忘的意象的抒寫。

圖15：黃公望，《富春山居圖》（無用師本），1350年，33×636.9 cm，台北故宮博物院。

三、吳鎮

吳鎮作畫不僅追求筆墨變化，也重視法度，他將用筆之道與運墨之法落實於形與神的刻畫上，以及景與情的構成上。吳鎮一生雖畫許多畫，但現在可看到作品卻不多，流傳至今的有《洞庭漁隱圖》等。《洞庭漁隱圖》（圖16）畫中以濃墨點苔、葉、小草，有此襯托，石

圖16：吳鎮，《洞庭漁隱圖》，1341年，軸，紙本，墨筆，146.4×58.6 cm，北京故宮博物院。

頭、樹幹、樹根的受光面和形體更突顯；蘆葦、漁舟和松葉的線條也是
細緻有力，可看出吳鎮的筆法隨著物性而能隨心所欲的表現。

《洞庭漁隱圖》採用一江兩岸式的構圖法，圖中安排了一艘漁舟由
右駛往左邊，把觀者的視線焦點引入畫中央，與松樹頂端相應，以避免
畫面出現一分為二的狀況，漁船的造型、傾斜度和漁人也都恰當的增加
了視覺效果。上方遠景的山巒從左側向畫面中心探進，自左向右下斜，
顯露山巒的一部分，前景坡石上矗立著兩棵高聳的松樹，和對岸相呼
應，有棵枯樹穿插在兩樹之間，既有補空的功能，使兩松樹在視覺上能
結合在一起，增強穩定的力量，也緩和松樹分別直立向上的角度，將視
線導引向右上導引，以與漁舟相應，協助一河兩岸的連繫；整個畫面安
排得十分巧妙，充分運用到「勢」的原理。吳鎮《洞庭漁隱圖》的一河
兩岸構圖相當早，甚至早於倪瓚的山水作品。

圖17：倪瓚，《容膝齋圖》，
1372年，軸，紙本，水墨，
74.7×35.5 cm，台北故宮博物
院。

四、倪瓚

倪瓚作畫題材以表現太湖和松江附近的江南水鄉的山水為主，他自
題畫作說：「郊行及城遊，物物歸畫筒。」可見十分重視對自然的觀察
與學習。倪瓚的畫作《容膝齋圖》（圖17）頗負盛名，也可看出他晚年的成
熟畫風，這幅畫如同畫家一生畫藝的縮影。《容膝齋圖》內容描繪潘仁仲醫
師的居所——錫山（今江蘇省無錫市西）容膝齋附近的景物，表現陶淵明「審
容膝之易安」（〈歸去來辭〉）的詩意。洪武五年（1372）年）倪瓚於畫完
成後款記：「壬子歲七月五日雲林生寫。」當時倪瓚七十二歲。

《容膝齋圖》筆簡意周，氣勢平和沖淡，達「逸品」的最高境界，表現
倪瓚山水畫的典型畫風，在畫面上無任何人跡、禽鳥，將繁雜糾纏的景物予
以高度的提煉概括，呈現一種離群索居、冀求平和、遠避塵世的意識形態；
把山水構圖化為「三段式」的平遠形式，此種構圖具有很強的形式美感，表
現了倪瓚獨特的審美情趣；畫裡下筆用側鋒，山石施以特殊斫礫的折帶皴，
並用乾染的淡墨，似嫩反蒼的寥寥數筆，傳達出山水草木的精要與靈氣，成
為後世仿傚的倪瓚法則。近景坡石上有幾株枝葉疏落的林木，樹後一座空蕩
的茅亭；中景一大片空白為平靜遼闊的湖水，右邊露出一小段坡石；遠景為
斜緩山巒。景致疏闊、曠遠，氣氛靜謐、寂寞，蕭瑟荒寒的意境含蓄著「大
音希聲，大象無形」的意蘊，在簡淡中見逸氣，傳達出深邃的內涵。

五、王蒙

王蒙的畫作主要表現隱逸思想，如《青卞隱居圖》（圖18）等作品，畫
面風貌顯得個性突出，形象鮮明，與人深刻的感染力，《青卞隱居圖》是王

圖18：王蒙，《青卞
隱居圖》，1366 年，
軸，紙本，墨筆，
140.6×42.2 cm，上海博
物館。

蒙家鄉吳興卞山的景色，王蒙常年隱居避世於山水天地，體悟自然的變幻無窮，此畫的構圖法相當創新，畫面飽滿，運用從下往上堆積景物的方法畫成，山體具扭曲的動態，王蒙以一條龍脈當主軸線，統合複雜的山勢變動，山色蒼郁，鬱然深秀。

此畫重山復嶺，密樹流泉；畫面下段，近景處畫水邊山麓，樹的表現方法有點葉、夾葉、勾葉等多種變化，樹叢茂密而又層次清楚，靈秀縱逸；右下角在茂盛樹林中，有一人曳杖而行。中段山巒起伏，山勢逶迤而上，深遠處有茅屋數間，屋內一隱士抱膝而坐。上段，最高處危峰聳立，表現險峻的山勢。畫中眾多皴法兼施並用，包括牛毛皴、解索皴、披麻皴、斧劈皴、卷雲皴等，層層疊累，極富質感，可見王蒙的筆墨功力深厚，這些筆墨方法成為王蒙描寫取勢的重要手段，更表現出沉郁秀潤，幽深蒼茫的高雅意境。

明代繪畫

明代在江浙一帶的繪畫活動十分頻繁，明代中葉以蘇州的文人畫「吳派」最為聞名，例如：沈周、文徵明；後期的董其昌講求筆墨韻致，宛如以書法作畫，已脫山水形似，風格平淡古樸，從容自然，影響力直到清代。董其昌所提出的「南北宗論」更將文人畫推向一個繪畫史高潮，董其昌分析文人畫，其正統是從王維始，經由董源傳至元四大家的相承畫風，除在創作方式上予以肯定，並在理論基礎上為文人畫正身。

圖19：沈周，《採菱圖》，1466年，軸，紙本，水墨淡設色，36.3×22.8 cm，京都國立博物館。

沈周是明代山水畫吳派的宗主，他用筆勁利，有如「鐵畫銀鉤」，圖如：《採菱圖》（圖19）；文徵明用筆娟秀，暈染迷濛，以氣韻與墨彩取勝，圖如：《萬壑爭流圖》（圖20）；董其昌畫山水樹石，形似拙稚，用筆柔和，用墨秀潤，圖如：《高逸圖》（圖21），卻常被批評為魄力、氣勢不足，然其詩文書法與畫論皆獨步當時，著有《畫旨》、《畫眼》等，提出南北宗之說，影響中國文人畫之論，可謂文人畫集大成者。山水畫發展至元，已臻極致，到明代除崇拜與臨摹古人，似無其他法子可行。

圖21：董其昌，《高逸圖》，明，紙本，水墨，89.5×51.6 cm，北京故宮博物院。

圖20：文徵明，《萬壑爭流圖》，1550年，軸，紙本，水墨設色，132.7×35.3 cm，南京博物院。

清代繪畫

到了清代的山水畫，明末清初的隱逸畫家如石濤（道濟）、八大山人（朱耷）、髡殘（石谿）、弘仁（漸江）、龔賢等，能不被時習所限制，而有獨特的創作。而其餘畫家則仍以臨摹為主，清山水畫家以四王吳惲並稱（王時敏、王鑑、王翬、王原祁、吳歷、惲壽平）。

八大山人是頗受注目的創新畫家，他棄僧還俗，浪跡市井間；繪畫筆簡意密，構圖精審，反樸歸真，達最高境界，表現出老子「樸」與「拙」的精神，且流露出強烈的個人情感，呈現

圖22：八大山人，《山水》，清，冊頁，絹本，水墨設色，23×28 cm，夏威夷美術學院。

生動的氣韻，圖如：《山水》（圖22）；吳昌碩推崇：「用筆蒼潤，筆如金杵，神化奇變，不可彷彿。」，八大山人學習古人畫家內在品質，其次才是技法，主要抓住「一簡二拙」精義。畫家們在動蕩不安和災難頻仍的環境下，接受道家的無為、淡泊和佛教的空寂、虛無，於是選擇隱居山林、寄情書畫，把筆墨帶到另一頂點。

揚州八怪突破四王的羈絆，開創了繪畫新局面，他們均以發揮梅竹等題材而聞名；文人畫畫家擅以山水為主要題材，如鄭燮山水圖（圖23），也喜畫梅蘭竹菊四君子這類具有象徵意義的題材，用以表現他們的處事態度，意寓個人的志節情操，揚州八怪即是如此，並透過畫與詩、詞、題跋相互結合的形式，整體呈現胸中情感。

晚清開始，西方文化進入中國，文人畫又經趙之謙、吳昌碩（如畫作《蒼松山水》（圖24））等人轉變，清代畫家影響到現代的齊白石、潘天壽等；使得中國藝術有新的發展，逐漸跳脫傳統，然文人畫的美學精神仍深植中國藝術家心中。

圖23：鄭燮，《山水圖》，清。

圖24：吳昌碩，《蒼松山水》，1893年，軸，紙本，水墨，私人收藏。

民國以後的藝術風格與藝術家

1912年中華民國建國，結束了清朝政權及中國封建帝制的統治；1919年發生「五四」運動，蔡元培提出「美育代替宗教」的口號，在杭州西子湖畔創立了中國第一所國立高等美術學府：「國立藝術院」，從此學院派的畫家兼美術教育家成為畫壇的主流。

面對中外文化交流日益頻繁的形勢，一些畫家堅持弘揚中華傳統藝術，於是增加自我學養，不斷推進繪畫的發展，主要代表人物有齊白石、黃賓虹、潘天壽與傅抱石，人稱「齊黃潘傅」。另有一些留學歐洲的畫家，主張中西兼融，將西洋繪畫的養分，與中國傳統繪畫相結合，這類畫家的代表人物有林風眠、徐悲鴻、劉海粟、吳作人，世稱「林徐劉吳」。

傳統繪畫中還有著名畫家：溥心畬、黃君璧與張大千三人，因為他們的後半生都與台灣有密切的關係，也給予台灣國畫畫壇很大的影響，因此合稱「渡海三家」。

齊白石，字璜，湖南湘潭人，少時曾為木匠，精於木雕，後來深研金石書畫，他從徐渭、八大、吳昌碩等人筆墨中汲取技法，又長期觀察自然景物和動物，因此在花卉草蟲上雖繼承傳統但有所突破。他在畫中著墨不多，卻質樸天真，活潑多趣；畫法上有時工寫並列，粉墨兼用，濃紅重紫，黑白分明，對當代國內外畫壇頗有影響。他的傳世作品很多，作品如《酒柿圖》（圖25）、《超覽樓褉集圖》（圖26）等。

圖25：齊白石，《酒柿圖》，現代。

圖26：齊白石，《超覽樓褉集圖》，1939年，紙本，水墨設色，132.4×36.4 cm，北京故宮物院。

圖27：潘天壽，《映日荷花圖》，現代。

圖28：潘天壽，《焦墨山水》局部，1953年，軸，紙本，水墨，183.3×66 cm，潘天壽紀念館。

潘天壽，浙江寧海人，擅詩書畫印，山水、花鳥、人物都擅長，畫風受八大、石濤影響，而又自具雄肆奇倔的風貌，線條堅定粗獷有力，構圖出人意表，表現剛強不屈的豪邁性格，將文人畫的柔雅變為沉雄、堅毅，具有撼動人心的力量和強烈的現代意識。晚年專擅指畫，無論巨幅畫作或冊頁小品，都獨具風姿。著有《中國繪畫史》等。作品如《映日荷花圖》（圖27）、《焦墨山水》（圖28）等。

林風眠，廣東梅縣人，少時以《芥子園畫譜》習畫，成長後留學法國，研習西畫；歸國後，於1928年被蔡元培派赴杭州，創立國立藝術院，任首任校長。對於繪畫，他主張中西並存，栽培不少現代名畫家。林風眠早年的創作以油畫人物為主，兼畫水墨山水、花鳥等。大型油畫多用象徵手法，顯然受西方古典主義、浪漫主義和表現主義的影響。在形式上吸取西方現代繪畫的某些表現手法，打破物與物的界線，變為一種有節奏感的筆觸，構圖常用正方形，色彩喜用紫、藍與濃墨等色。他使用毛筆宣紙，但不講求傳統水墨畫形式，開創了獨特風格，代表作如《仕女》（圖29）等。

圖29：林風眠，《仕女》，現代。

徐悲鴻生於十九世紀末，是活躍於二十世紀前半期的畫家，他經傳統國畫啟蒙，又到西歐學習西畫，中西畫兼備，並以中國畫創作為主，稱之彩墨畫。他發揚中國繪畫的傳神論、意境論和師造化的精神，保持中國書法線條和筆墨特色；並吸收西畫的透視、解剖和寫實觀念，表現出個性鮮明的新創作。徐悲鴻為革新中國畫及推動藝術教育而奉獻一生。《愚公移公》（1940年）（圖30）：表現人體結構，尤其是眾多人體的組成，適當加強肌肉體積感，突出人體的強健有力，並將裸體人物引入中國畫中。

圖30：徐悲鴻，《愚公移公》，1940年，彩墨畫。

台灣美術

影響台灣的西洋畫，是於日本明治時期自巴黎移入日本，再經過日本民族的偏愛與篩選，然後植移來台。日據時代的台灣沒有美術學校或大專美術科系，若想進一步學習，須到日本學習。開啟留日學習美術的序幕的是黃土水，他於1915年赴日學習木雕；西洋畫第一位留日的則是劉錦堂，陸續有顏水龍、陳澄波、廖繼春、楊三郎、陳植棋、何德來、郭柏川、劉啟祥、李梅樹、李石樵、洪瑞麟、陳德旺、廖德政等人。這些留日畫家大部分的作品題材都是以靜物、肖像與異國風景為主。這時期的畫家，能掌握到最接近現實的繪畫，就是描繪台灣鄉土的美。

接著赴法國巴黎留學的如楊三郎、顏水龍、劉啟祥等人；至中國大陸發展的有郭柏川、陳澄波等；隨國民政府來台的大陸畫家則有溥心畬、黃君璧、張大千、傅狷夫、袁樞真等。

郭柏川受梅原龍三郎鼓舞，也運用宣紙和毛筆，加上油彩和松節油，配合西畫技法來繪製油畫，期冀促使中西的繪畫融和，因而風格確立，黃賓虹曾說：「林（林風眠）失之放逸，徐（徐悲鴻）失之嚴謹，而郭則介於兩者之間。」郭柏川常用的色彩是淺磚紅搭配玻璃綠色，構圖氣勢奔放，筆觸明快而隨心所欲，線條蘊藏書法的意境，如同他所說「嚴肅地面對繪畫，瀟灑地面對生活」。畫作如：《黃刺桐》（圖31），是郭柏川於1946年的作品，結合宣紙和油彩兩者的優點，用狼毫筆畫出瀟灑飄逸的線條，用油彩表現豐富的色相、明度和彩度。

1920年代台灣新美術運動崛起，當時畫家中最具代表性的是「台展三少年」，1927年由台灣總督府舉辦的第一次台展中，有三位不滿二十歲的年輕畫家脫穎而出，為林玉山、陳進和郭雪湖。林玉山對台灣水墨畫有很大的影響；陳進是日治時期台灣少數成名的女畫家之一；郭雪湖是自學成功的畫家。

郭雪湖以膠彩作畫，作品表現臺灣本土景致，之後又以《圓山附近》得第二屆台展東洋畫特選。他的畫既承續傳統中國畫，又受日本東洋畫影響，融合西洋畫的構圖取景以及空間表現方法。他運用自創的「重彩淡墨鉤勒法」，呈現繪畫的現代感，畫面穠麗細緻，具平面化的感覺，也含鄉土藝術的意趣，形成臺灣美術的另一種型態。《瓶花系列》（圖32），創作時間由1955至1987年，花卉主題包括茶花、牡丹、百合和繡球花等。

1934年第八屆「台展」時，陳進、廖繼春和顏水龍三位台籍畫家已躍升為審查委員。同年廖繼春、顏水龍、陳澄波、陳清汾、李梅樹、李石樵與立石鐵臣等，聯合組成台陽美術協會，簡稱「台陽美協」。

圖31：郭柏川，《黃刺桐》，1946年，油彩・宣紙。

圖32：郭雪湖，《富貴滿堂》，現代，膠彩。

李梅樹的藝術風格與其人生體驗息息相關，他的創作題材大都來自故鄉，從模擬西歐的高雅格調、忠於本土的寫實風貌至晚年怡然自得的風格，留下無數的藝術寶藏。尤以寫實繪畫表達對鄉土的關懷，具體呈現臺灣的風土民情，顯露自然真實的美感，饒富特別親切的情感，這種真摯的藝術形式，表現臺灣歷經的現實生活景象。如畫作《白衣小姐》（圖33）。

圖33：李梅樹，《白衣小姐》，1952年，油畫，50F。

台灣的美術發展

簡述如下：

1. 1920年代：台灣新美術展開，產生第一代前輩藝術家；台灣畫家參加日本官辦美展；繪畫思維來自中原文化與西歐思潮。

2. 1945年台灣光復前：興起日、法留學途徑與美術思潮；台陽美展持續舉辦。

3. 1945年，第二次世界大戰結束，台灣光復後：開辦省展，即楊三郎（圖34）推動的「台灣全省美術展覽會」；學院派盛行，激起振興台灣美術的使命感。光復後第三年（1947年）發生「二二八事件」，陳澄波（畫作圖35）殉難，大陸畫家王白淵入獄，台灣美術運動受到嚴重傷害。

4. 1949年國民政府遷台：以大陸河山為主題的水墨畫成主流，大陸畫家如溥心畬、黃君璧、馬壽華等人，溥心畬（清宗室恭親王奕訢之孫）是中國末代文人畫的代表。

5. 1950、60年代：美術現代化運動展開；西方美國思潮--抽象繪畫、超現實主義影響台灣畫家；五月畫會、東方畫會成立，畫家赴美與歐漸多。當時趙無極已在50年代以抽象主義崛起於巴黎，並聞名國際。1959年楊英風召集「中國現代藝術中心」的第一次籌備會議，高達十七個團體參加，形成另一個「反現代」勢力。

圖34：楊三郎，《玉山》，1991年，油畫，91×116.5 cm。

圖35：陳澄波，《夏日街景》，1927年，油畫，79×98 cm。

圖36：陳景容，《騎士雕像與裸女》，1999年，油畫，228×162 cm。

圖37：李仲生，《作品037》，1978年，油畫，60×90 cm。

五月畫會是由六位師大藝術系畢業生在1957年成立，在五月舉辦首展，轉變為有前衛意識的繪畫團體，熱烈推動抽象主義精神，提倡「為藝術而藝術」的純粹目的，成員包括劉國松、郭于倫、陳景容（圖36）、郭東榮、李芳枝和鄭瓊娟。

東方畫會，1957年在李仲生（圖37）的啟發下成立，成員有「八大響馬」，包含歐陽文苑、蕭勤、霍剛、吳昊、夏陽（圖38）、蕭明賢、李元佳、陳道明。李仲生屬於抽象的「超現實主義」畫派，如同米羅的「書法式的超寫實派」。

圖38：夏陽，《人群之十一》，1978年，油畫，101.5×137 cm，台北市立美術館。

6. 1970年代：鄉土美術受重視，素人畫家出現。1976年
來自台南南鯤鯓的洪通在台北美國新聞處舉辦畫展，
作品質樸單純，是最具代表性的鄉土畫家。朱銘來自
民間雕刻技藝，也在國立歷史博物館展出木刻作品。
1970年代初，大陸出生的台灣畫家席德進（圖39），
在美術「現代化」、「國際化」的氣氛中，即戮力推
行台灣本土化運動。但鄉土美術運動並未能與文化與
時代相呼應，缺乏傳承脈絡，故開拓的成果有限。

圖39：席德進，《鄉野晨光》。

7. 1980、90年代：民間畫廊、美術館成立，台灣第一座
現代美術館「台北市立美術館」在1983年開幕；歸國學人畫家增多。藝術的多元化表現在於繪
畫、裝置與表演。道地的本土美術產生。西洋美術重受重視，尤其是印象派。新大陸水墨畫與
台灣水墨畫有新形態。

8. 21世紀：21世紀初期，蘇振明推行「台灣樸素藝術薪傳展」，延續鄉土主義的發展。2001年當
時的國立藝術學院（於關渡）建立了台灣第一所學校美術館。21世紀重振本土人文精神；發展
多樣性藝術；關心環境品質與文化建設，注重「公共藝術」。當時文建會將屬於公共空間裡的
藝術品統稱為「公共藝術」，建築學者積極推展環境與藝術的整合和改善，並注重空間裝置和
美術作品的互相關照，例如三峽祖師廟的石獅子，即是由李梅樹的作品所翻製；又如台北捷運
的公共藝術設置（如：淡水線雙連站）；如今各地公共藝術設置形成風潮，成為關懷文化建設
與環境品質的時代樣貌。

（以上部分內容引自：楊佳蓉，〈《人物龍鳳/御龍》帛畫與楚人信仰〉，發表於《國文天
地》第347期，2014.4；〈悠然見南山--文人畫演進探析〉上、中、下，發表於中華花藝文教基
金會《花藝家》期刊No.124、125、126，2016.12、2017.02、2017.04；以及引自楊佳蓉其他已
發表之論文。）

參考書目

1.古籍（按年代排列）

後魏‧孫暢之，《述畫記》；俞劍華，《中國古代畫論類編》（上），人民美術出版社，2000年。

南朝宋‧宗炳，《畫山水序》；引自俞劍華，《中國繪畫史》（上），台北：台灣商務印書館，1999年。

南朝‧謝赫，《古畫品錄》；引自俞劍華，《中國繪畫史》（上）。

唐‧王維，《山水訣》，引自張彥遠《歷代名畫記》，俞劍華注釋本，上海：上海美術出版社，1963年。

唐‧張彥遠，《歷代名畫記》，人民美術出版社，1963年。

唐‧彥悰，《後畫錄》；引自俞劍華，《中國古代畫論類編》（上）。

唐‧張彥遠，《歷代名畫記》，人民美術出版社，1963年。

宋‧蘇軾，《跋漢傑畫山》；引自鄧立勛《蘇東坡全集》（中），黃山書社，1997年。

宋‧沈括《夢溪筆談》，宋‧蘇軾《東坡詩集》，宋‧黃休復《益州名畫錄》，宋‧韓拙《山水純全集》，宋‧鄭椿，《畫繼》；引自傅抱石，《中國繪畫理論》，台北：里仁書局，1985年。

宋‧蘇軾，《書晁補之所藏與可畫竹》；王水照選注，《蘇軾選集》，上海：上海古籍出版社，1984年。

宋‧郭熙，《林泉高致集》；收於王進祥，《中國美學史資料選編》下卷，台北：漢京文化事業有限公司，1983年。

宋‧《宣和畫譜》卷11，景印文淵閣《四庫全書》子部第119冊，台北：台灣商務印書館，1983年。

元‧湯垕，《畫鑒》，收於《欽定四庫全書‧子部八‧藝術類》（影印古籍）。

元‧趙孟頫，自題畫卷《清河書畫舫》；轉引自《朵雲》編特輯成《趙孟頫研究論文集》，上海：上海書畫出版社，1995年。

明‧董其昌，《畫旨》卷上；引自吳孟復、郭因，《中國畫論》卷一，安徽美術出版社，1995年。

明‧陳繼儒，《盛京故宮書畫錄》；引自林木，《中國古代畫論發展史實》，上海：上海人民美術出版社，1997年。

明‧沈顥，《畫塵》；引自俞劍華，《中國古代畫論類編》（下），人民美術出版社，2000年。

清‧王學浩，《山南論畫》；引自俞劍華，《中國古代畫論類編》（下）

清‧布顏圖，《畫學心法問答》。

清‧張庚，《畫徵錄》；引自於俞劍華，《中國繪畫史》（下），台北：台灣商務印書館，1999年。

2.近人著作(按作者姓氏筆畫排列)

于民，《中國美學思想史》，上海：復旦大學出版社，2010年。

大山正，《色彩心理學牛頓與歌德的腳步》，台北：牧村圖書公司，1998年。

千千岩英彰，《不可思議的心理與色彩》，台北：新潮社，2002年。

王進祥，《中國美學史資料選編》下卷，台北：漢京文化事業有限公司，1983年。

王秀雄等編譯，《西洋美術辭典》，台北：雄獅圖書公司，1992年。

王秀雄，《美術心理學》，台北：台北市立美術館，1994年。

王俊雄、李祖智譯，巴寧著，《巴洛克與洛克克》，台北：遠流出版事業股份有限公司，1996年。

王化斌，《繪畫色彩學》，北京：人民美術出版社，1996年。

王克芬、蘇祖謙，《中國舞蹈史》，台北：文津出版社，1996年。

巴東，《荒漠傳奇璀璨再現──敦煌藝術大展》，台北：國立台南藝術大學、橘園國際藝術策展（股）公司，2005年。

朱光潛，《西方美學家論美與美感》，台北：天工書局，1988年。

朱蔚恆，〈錢選浮玉山居圖〉，《文物》第九期，1978年。

朱介英，《色彩學色彩計畫&配色》，台北：亞諾文化公司，2005年。

李長俊譯，路希史密斯著，《二次大戰後的視覺藝術》，台北：大陸書局，1982年。

李長俊，《西洋美術史綱要》，台北：大陸書店，1992年。

李洪偉、吳迪，《心理畫--繪畫心理分析圖典》，台北：宇河文化出版有限公司，2013年。

李永寧、蔡偉堂，〈〈降魔變文〉與敦煌壁畫中的「勞度叉斗聖變」〉，《1983 年全國敦煌學術討論會文集（石窟藝術編上）》，蘭州：甘肅人民出版社，1985年。

李國珍編撰，《大唐壁畫》，中國陝西旅遊出版社，1996年。

季羨林主編，《敦煌學大辭典》，上海：上海辭書出版社，1998年。

沈以正，《敦煌藝術》，台北：雄獅美術公司，1995年。

何政廣主編，《畢卡索》，台北：藝術家出版社，2003年。

何政廣主編，《卡莎特》，台北：藝術家出版社，1999年。

何恭上，《女性美名畫》，台北：藝術圖書公司，1994年。

何恭上，《世界名畫欣賞──女性美篇1-3》，台北：藝術圖書公司，1988年。

何懷碩主編，《西洋裸體藝術大觀（全六冊）──近代裸體藝術》，台北：百科文化事業公司，1981年。

呂清夫譯，嘉門安雄編，《西洋美術史》，台北：雄獅圖書公司，1980年。

吳孟復、郭因，《中國畫論》卷一，安徽美術出版社，1995年。

林達隆、劉素真，《色彩創意與生活》，新北：國立空中大學，2014年。

林子忻、劉勝雄編著，《藝術概論與欣賞》，台北：高立圖書公司，2003年。

林志恆等，《世界博物館》，台北：墨刻出版社，2004 年。

林木，《中國古代畫論發展史實》，上海：上海人民美術出版社，1997年。

林聰明編撰，《敦煌學講義》，台北。

金維諾，《中國美術史論集》，台北：明父書局，1984年。

宗白華，《美學散步》，上海：上海人民出版社，1998年。

俞劍華，《俞劍華美術論文集》，山東美術出版社，1986年。

俞劍華，《中國古代畫論類編》（上）（下），人民美術出版社，2000年。

俞劍華，《中國繪畫史》（上）（下），台北：台灣商務印書館，1999年。

胡淑惠、陳佳敏譯，《66個藏在名畫裡的秘密》，台北：智富出版公司，2006年。

高木森，《元氣淋漓：元畫思想探微》，台北：東大圖書股份有限公司，1998年。

袁金塔，《中西繪畫構圖之比較》，台北：藝風堂出版社，1999年。

徐代德譯，《近代藝術革命》，台北：三民書局，1983年。

徐代德譯，《西洋美術史》，台北：三民書局，1983年。

張心龍，《從題材欣賞繪畫》，台北：雄獅圖書公司，2001年。

張心龍，《西洋美術史之旅》，台北：雄獅圖書公司，2000年。

張少俠，《世界繪畫珍藏大系──1~10》，上海：上海人民美術出版社，1998年。

張漢良等譯，克拉格著，《裸體藝術欣賞》，台北：志文出版社，1982年。

黃光男，《美感與認知－美術論文集》，高雄：復文圖書公司，1985年。

黃椿昇編，《藝術導論─談美》，台北：全威圖書公司，2005年。

梁翠梅，《藝術治療--身心靈合一之道》，台北：華都文化事業有限公司，2011年。

郭小平譯，《藝術心理學新論》，台北：台灣商務印書館，1997年。

馮作民譯，《西洋繪畫史》，台北：藝術圖書公司，1981年。

馮承鈞譯，《馬可波羅行紀》，台北：中華書局，1954年。

常任俠等，《中國舞蹈史》初編三種，台北：蘭亭書店，1985年。

阮溥，《蘇軾的文人觀論辯》；《中國繪畫研究叢書—文人畫的趣味、圖式與價值》，上海：上海書畫出版社，1993年。

傅抱石，《中國繪畫理論》，台北：里仁書局，1985年。

程明震，《文心後素—文人畫藝術研究》，南京：東南大學出版社，2007年。

曾長生，《超現實主義藝術》，台北：藝術家出版社，2000年。

曾堉、葉劉天譯，《藝術史學的基礎》，台北：東大圖書公司，1992年。

曾啟雄，《色彩的科學與文化》，台北：躍昇出版社，1988年。

楊義，《中國歷朝小說與文化》，台北：業強出版社，1993年。

楊佳蓉，《藝術欣賞—絢彩西洋繪畫》，台北：萬卷樓圖書公司，2013年。

楊佳蓉，《文藝美學論集》，台北：萬卷樓圖書公司，2014年。

楊佳蓉，《論元代文人畫之人生意境》，台北：花木蘭出版社，2015年。

楊佳蓉，《藝術美學—玄妙中西繪畫》，台北：萬卷樓圖書公司，2016年。

鈴木輝實，《簡單易懂的混色教室》，台北：新形象出版事業有限公司，2003年。

廖新田，《藝術與色情——台灣社會現實解碼》，台北。

趙雅博，《中外藝術創作心理學》，台北：中央文物供應社，1983年。

菲爾德，《人體美術》，湖南，湖南美術出版社，1988年。

劉昌元，《西方美學導論》，台北：聯經出版事業股份有限公司，1986年。

劉文潭，《現代美學》，台北：台灣商務印書館，1993年

劉振源，《野獸派繪畫》，台北：藝術圖書公司，1995年。

劉振源，《立體派繪畫》，台北：藝術圖書公司，1996年。

劉振源，《表現派繪畫》，台北：藝術圖書公司，1995年。

劉欣等，《世界美術全集——歐洲現實主義藝術》，天津：天津人民美術出版社。

樊錦詩、陳萬雄主編，《發現敦煌》，台北：商務印書館，2000年。

齊飛譯，〈降魔變及變文—舍利弗與六師外道的鬥法〉，《雄獅美術》63，台北：1976年。

歐秀明、賴來洋編著，《實用色彩學》，台北：雄獅圖書公司，1992年。

歐陽予倩，《中國舞蹈史》二編兩種，台北：蘭亭書店、業強出版社，1990年。

潘重規編，《敦煌變文集新書》，台北：文津出版社有限公司，1994年。

陳秋瑾，《現代西洋繪畫的空間表現》，台北：藝風堂出版社，1995年。

陳高華，《元代畫家史料》，上海：人民美術出版社，1980。

陳衡恪，〈文人畫之價值〉，《中國文人畫之研究》，中華書畫出版社。

陳懷恩，《圖像學：視覺藝術的意義與解釋》，台北：如果出版社/大雁文化事業股份有限公司，2008年。

鄧立勛《蘇東坡全集》（中），黃山書社，1997年。

錢祖育譯，張振宇校訂，《油畫》，台北：三民書局股份有限公司，1997年。

賴傳鑑，《巨匠之足跡1》，台北：雄獅圖書公司，1995年。

謝東山，《當代藝術批評的彊界》，台北：帝門藝術，1995年。

謝里法，《紐約的藝術世界》，台北：雄獅圖書公司，1981年。

聶鋒，《敦煌莫高窟》，蘭州：甘肅人民美術出版社，1999年。

羅宗濤，《唐宋詩探索拾遺》，天津：天津教育出版社，2012年。

羅宗濤，《敦煌變文》，台北：時報文化出版公司，1993年。

羅宗濤，《敦煌講經變文研究》，高雄：佛光山文教基金會，2004年。

顧炳星，《立體派藝術之研究》，台北：蘭亭書店，1986年。

蘇俊吉，《西洋美術史》，台北：正文書局，1984年。

《大英視覺藝術百科全書》，台北：台灣聯合文化事業公司，1993年。

《趙孟頫研究論文集》，《朵雲》特輯，上海：上海書畫出版社，1995年。

《敦煌藝術寶庫1-5》，敦煌文物研究所主編，敦煌：敦煌文物研究所。本文敦煌壁畫附圖引自此部書。

《敦煌學第二十七輯》，南華大學敦煌學研究中心，台北：樂學書局有限公司，2008年。

《中國美術全集──繪畫編──敦煌壁畫》，敦煌研究院編著，上海：上海人民美術出版社，1988年。

《中國文明史：第七卷元代》上、下冊，台北：地球出版社，1994年。

3. 外文著作

Cathy A.Malchiodi著，朱惠瓊譯，《藝術治療—自我工作手冊》，台北：美商麥格羅・希爾國際股份有限公司—台灣分公司，心理出版社股份有限公司，2012年。

David Sanmiguel 著，許玉燕譯，《風景畫》，台北：三民書局股份有限公司，2001年。

Eddiewolfram著，傅嘉琿譯，《拼貼藝術之歷史》，台北：遠流出版事業股份有限公司，1994年。

Edward F. Fry編，陳品秀譯，《立體派》，台北：遠流出版事業股份有限公司，1994年。

Hal Foster主編，呂健忠譯，《反美學》，台北：立緒文化事業有限公司，2002年。

Hanns-Joachim Neubert等人著，宛家禾 蔡裴驊 蔡心語譯，《一生必遊的100世界博物館 100 Most Beautiful museums of the World》台北：京中玉國際出版社，2008 年。

H.W. Janson著，曾堉、王寶連譯，《西洋藝術史》，台北：幼獅文化公司，1981年。

Herschel B.Chipp 編著，余珊珊譯，《現代藝術理論1、2》，台北：遠流出版事業股份有限公司，2004年。

Immanuel Kant.Critique of the Power of Judgment.Translated by Paul Guyer and Eric Matthews.Cambridge University Press,2000

Immanuel Kant(康德) 著，鄧曉芒譯，《康德三大批判之三──判斷力批判》，台北：聯經出版事業股份有限公司，2006年。

Jo Anna Isaak著，陳淑珍譯，《女性笑聲的革命性力量》，台北：遠流出版事業股份有限公司，2000年。

Jose Parramon著，王荔譯，《色彩》，台北：三民書局，1997年。

Lynda Nead著，侯宜大譯，《女性裸體》，台北：遠流出版事業股份有限公司。

Norbert Lynton著，楊松鋒譯，《現代藝術的故事》，台北：聯經出版事業股份有限公司，2003年。

Norma Broude, Mary, D. Garrard編，謝鴻均等譯，《女性主義與藝術歷史Ⅰ》，台北：遠流出版事業有限公司，1998年。

Norma Broude, Mary, D. Garrard編，陳香君、汪雅玲、余珊珊譯，《女性主義與藝術歷史Ⅱ》，台北：遠流出版事業有限公司，1998年。

Pat B. Allen著，江孟蓉譯，《療癒，從創作開始》，台北：張老師文化事業股份有限公司，2013年。

Paul Smith著，羅竹茜譯，《印象主義》，台北：遠流出版事業股份有限公司，1997年。

Richard Verdi著，刁筱華譯，《塞尚》，台北：遠流出版事業股份有限公司，1997年。

Whitney Chadwick著，李美蓉譯，《女性・藝術與社會》，台北：遠流出版事業股份有限公司，1995年。

作者簡介

楊佳蓉，玄奘大學中國語文研究所文學博士，中國文化大學藝術研究所美術組藝術碩士，輔仁大學法學士。

大學助理教授、畫家、作家。現任教於國立台灣科技大學、國立空中大學、育達科技大學、中國科技大學、樹林社區大學等校；曾任教於玄奘大學、台灣師大與文化大學進修推廣學院、土城樂齡大學等校。於大學授課十六年多，藝術科目包含：藝術與生活、藝術美學與生活關懷、藝術與美學、藝術鑑賞、生活美學、色彩創意與生活、造型設計、藝術治療、藝術名畫與電影、博物館巡禮、油畫欣賞與創作、多媒材彩畫等；文學科目包含：表達與文學閱讀、聊齋志異選讀、現代文學、文學與人生、國文文選、兒童寫作師資培訓等。

繪畫個展十五次（含政治大學山居藝廊、台灣師大圖書館藝廊、國軍文藝中心、北市區公所市民藝廊、勞保局藝廊等），國內外聯展不計其數（含國父紀念館、華岡博物館、法國巴黎、廈門大學、南京藝術學院、福建美術館、土城金城藝廊、樹林車站藝廊等），獲各界好評與典藏，於國內外獲獎及入編美術作品集。並曾為畫會理監事，中華青少兒童寫作教育協會創會與第二、四屆理事長，公民終身教育推廣協會常務理事。

出版品有藝術、美學、文學之相關論文六十多篇，各篇論文均已發表於學術期刊、大學學報與國際研討會；個人著作十七本，重要著作：《藝術與生活-視覺美學之翱翔》、《藝術美學-玄妙中西繪畫》、《文藝美學論集》、《藝術欣賞-絢彩西洋繪畫》（以上萬卷樓出版社）、《論元代

文人畫之人生意境》（原為博士論文。花木蘭出版社，歸屬於「古代歷史文化」與「古代美術史研究」兩套書中。）、《油畫欣賞與創作》（育達科技大學「100-101年度教學卓越計畫，子計畫B2：培養博雅內涵人才計畫」中榮獲出版）、《藝術與生活》（育達科技大學「104-105年度中區主軸二／新一代服務人才就業力培育計畫／分項計畫A：強化職場專業計畫」中榮獲出版）。

楊佳蓉的詩與畫

愛相憐

你午夜未眠
我沉睡天邊
是怎樣的情緣
讓我們的愛如蓮
相憐
相黏

我香香安心的睡
乘著甜甜圈美夢
翻轉
到你的夢裡
飛入夏卡爾的超自然空間
柔情花朵的心理語彙
屬於第四次元的傳說

你輕輕牽起我的手
飛翔　如雙蝶
在圓月夜空
浸濡　如雙魚
在沁涼晨雨裡

（楊佳蓉201704・18行詩）

圖：夏卡爾，《花中的戀人》，1930年，油彩・畫布，128×87cm，私人收藏。

金的封印

一群黃蝴蝶
陽光下閃動的蝶翼　是
克林姆的金箔
殘留前世是金盞花的記憶
停在一截倒塌的腐朽樹幹上
吸吮春泥的滋味
以愛欲的量匙計量濃度

走入綠琉璃的氤氳小徑
驚起融成南瓜盅的黃蝴蝶
金箔飛揚
片片　片片　片片
在天空編織成一件金襴衣
微風想來試穿
卻吹散了　金箔
降落時
貼成　吻的封印
華麗的升騰

（楊佳蓉201706・17行詩）

圖：克林姆，《吻》，1907-1908年，油彩・畫布，180×180cm，維也納奧地利美術館。

麵包與沙拉

酒香金棗麵包的能量和生津
維持一個軀殼的生存
我用叉子拾起每一顆豆子
數著豆
數著寫的字
數到一百萬字
撐起一個靈魂的存在

優格淋在生菜黃瓜蕃茄和地瓜
白色的乳汁裡沉浮著
紅橙黃綠藍紫的小山丘
芝麻醬抹在麵包上
黑色的濃墨裡有
我的齒痕

星空下的咖啡館
只剩梵谷的咖啡
寫實下的小酒店
只剩左拉的苦艾酒
至少　我還有金棗麵包和優格沙拉
於是
梵谷成了梵谷
左拉成了左拉

（楊佳蓉201706‧21行詩）

圖：梵谷，《星空下的咖啡館》，1888年，油彩‧畫布，81×65.5cm，荷蘭國立渥特羅庫勒穆勒美術館。

黑蝴蝶

一隻黑蝴蝶
是馬奈的黑彩
混和　從深不見底的油壺
倒出的柔情
以永夜的夜幕
低垂　低垂　更低垂
堆疊成一襲隆重的晚禮服
罩入莫利索的靈魂
在永晝的光亮中
輕盈　輕盈　更輕盈
親吻紫羅蘭的唇瓣

（楊佳蓉201706‧11行詩）

圖：楊佳蓉，《莊生曉夢迷蝴蝶》，2017年，油彩‧畫布，17.5×14 cm。

圖：馬奈，《手持紫羅蘭花束的莫利索》，1872年，油彩‧畫布，55×38cm，私人收藏。

圖：楊佳蓉，《迎賓》，2002年，油彩‧畫布，72.5×60.5cm。以立體派方式重新繪作馬奈的畫。

尤麗蒂希的試探

奧斐斯，奧斐斯，
思念之情如星河，
為何你不轉身，看看我眼底的閃爍，
柔情密意對我燦然一笑，
猶如往日融化我為橙色的蜜？
迢迢返回人間路，
一路的沉默似墨夜漫無邊際，
貓眼的恐懼，已綠暈橫白，
難道你反悔了？
難道你不再為我彈奏愛的樂曲？

尤麗蒂希，尤麗蒂希，我的愛，
如何才能破除你的不安和猜忌？
直線的亦步亦趨是單調的鐘聲，
怎麼破，繞一座山？
還是，乘一片浪？
長長久久的幸福在不遠的前方，
鳶尾葳蕤於春雨，
桂香皎潔如月光，
迎接我們歡欣並浴，
相信我，握緊我的手。

倘若我要放開我的手，
你也不回頭看我嗎？

求你不要為難我，
做這樣的試探。

尤麗蒂希掙脫了奧斐斯的手，
笞笞往後奔跑，
奧斐斯竭盡全力呼喊：尤麗蒂希……
兩人同時回頭，
就在四目交接的剎那，
中間的距離無限延長，
沉溺海洋的藍漸靛紫，
浸淫異次元空間的灰轉濃黑，
將奧斐斯推回光明的人間，
讓尤麗蒂希永遠消逝在
黑暗的國度。

從此　奧斐斯的豎琴變成瘖啞，
他在等待
等待不再分離的詠嘆調。

（楊佳蓉201705．38行詩）

圖：柯洛，《奧斐斯帶領尤麗蒂希離開地獄》，1861年，油彩．畫布，
137.7×111.8 cm，美國德州休士頓美術館。

獨角獸與女子

妳抱著
獨角獸
在淅淅颯颯的雨裡
裸體的走來
尖銳的獨角
奇異的魔力
在山林間
自由徜徉
　　　相遇
妳拿起潔白的浴巾
輕輕拭去點點雨珠

耽迷女子的體香
留戀聞著
貞潔的味道
寧受誘惑而落入陷阱
寧被貪婪捕獲而被殘忍宰割
忽略解百毒、治百病、永保安康的傳言

也要在妳穿上層層衣飾前
擄得真切的吻
一個一個收藏
悄悄發酵　成
濕潤的彩虹
猶如彎彎的獨角

獨角獸的轉運
在雲的懷抱裡
在月的臂彎裡
在拉斐爾的密碼裡
獨自享有
綿綿密密的
溫柔　與
體香

在妳的芳香裡
獨角獸的純潔
不再被無情的扼殺
依偎裡的溫度
逐漸化作一縷一縷的粉紫
或飛與藍天嬉戲
或飛與孤影旋舞
飄散

飄散
一樹又一樹
一山又一山
蔓延成愛　的
纏綿
等待
又一個
妳抱著
獨角獸
在淅淅颯颯的雨裡
裸體的走來

（楊佳蓉2017．50行詩）

圖：拉斐爾，《抱獨角獸的女郎》，1505-1506年，油彩．木板，65×51cm，義大利羅馬波給塞畫廊。

愛情的風格

一勺橙
秘釀愛情
細細密密
浸透果肉　果核
流竄血管　神經
盡是黏黏汁液
淺嚐　小甜
狂吸　大甜
悄然成癮　甜貫骨脊
一旦去甜　痛徹心扉
橙一勺
愛情的風味
蜜然成形

（楊佳蓉201704‧13行詩）

阿勃勒之光色

一樹黃
亮晃晃
以月光塗抹
凝結成串
日以繼夜
光束之筆收斂些
其實　揮霍忘形
溢出邊界　又何妨
摘下清澄黃
點燈心房
虛室生黃
也是明亮

（楊佳蓉201704‧12行詩）

睡蓮的面向

一襲紫
悠悠綻放
波光
是酒罈飲盡前的低語
依戀粼粼
倒影
似耽美的記憶
風中搖曳的清秀與柔弱
石破天驚
碎成片片　片片　片片的
紫色琉璃
葉與夜已和解躺平
睏了的蓮
只好在睡夢裡
拼貼她的解構面向

（楊佳蓉201704‧15行詩）

圖：楊佳蓉，《情書》（立體派），2002年，油彩‧畫布，72.5×60.5cm。

圖：楊佳蓉，《金黃阿勃勒》，2015年，油彩‧畫布，45.5×38cm。

圖：楊佳蓉，《睡蓮池的一襲優雅紫色》，2017年，油彩‧畫布，17.5×14cm。

粉紅的變幻

一匙粉紅
灑入荷塘
微風攪動
燃起點點燭光
粉紅靜靜發酵
晨曦下最迷離的甦醒
一瓣，二瓣，三瓣……
綻放的輕顫
是仲夏寂寂的天籟
化為裊裊薄煙
恬淡的飄入
你我粉紅的夢境

（楊佳蓉201704·12行詩）

圖：楊佳蓉，《觀音的荷花池》，2016年，油彩&壓克力彩·畫布，17.5×14cm。

圖：楊佳蓉，《荷塘》（立體派），2004年，油彩·畫布，65×53cm。

灰之渾渾

一帶灰
迷迷濛濛的灰色地帶
或想鑿開雙目
透過依稀天光
窺看粉紅山櫻與蝴蝶親吻
或想雕塑凸鼻
芬芳襲入雙孔
沈醉於五彩茉莉乘風飄香
或想刻畫雙耳
登登追逐紅竹行山的腳步
聞見高空黑鷹嘎嘎狂笑
或想啄出朱口一枚
吐露九重格格如珠妙語
蒙古石馬聽也憨厚依然
山林白日斜
樹葡萄的甘甜欲先品嚐
杜鵑花的美夢正在醞釀
吟鞭東指
天涯渾沌仍灰灰

（楊佳蓉201704·19行詩）

圖：楊佳蓉，《神仙谷》，2016年，油彩·畫布，41×31.5cm。

哭泣的桔梗花（為「女作家之死」而寫）

桔梗花，桔梗花，
在風中哭泣，
她說：
「我的布娃娃破了一個洞，
怎麼修補呢?」
爸爸說：「一定是它的材質不好。」
媽媽說：「把它扔了吧！」
王子說：
「忘了它啊！我帶妳翱遊天空。」

嗚嗚嗚，嗚嗚嗚……
桔梗花為布娃娃縫製了一件衣裳，
柔綠的纖手緊緊擁抱換穿新衣的它，
淡紫的臉龐輕輕描繪心傷的線條，
她與森林的每一棵樹訴說它的故事。

似水柔情，如韻詩篇，
優雅的身影悲悲切切，
融化了每一棵樹，
油桐樹飄下五月雪，
苦苓樹也灑下斑斑淚花。
唯有姑婆芋躲在陰影下暗暗竊笑，
艷紅的劍長的漿果張牙舞爪，
針晶的毒液還在熬煉淫威。

桔梗花，桔梗花，
在風中哭泣，
森林的每一棵樹為她邀約大片陽光，
鳥兒啾啾嘎嘎為她鳴唱快樂頌，
桔梗花孱弱的伸展手臂向上爭取，
一息尚存，
卻來不及等到陽光的照拂，
她遺留下無語的布娃娃，
化作一縷淡紫的輕煙，
憂憂的，幽幽的，悠悠的，
飛向九重天。
整座森林都沙沙複述她奇異的
脆弱生命。

（楊佳蓉201705，35行詩）

圖：楊佳蓉，《風中山林》，2017年，油彩·畫布，
17.5×14cm

圖：楊佳蓉，《桔梗花與紅漿果》，2014年，油彩·畫
布，72.5×60.5cm。

藝術與生活—視覺美學之翱翔

作　　者　楊佳蓉

發 行 人　陳滿銘

總 經 理　梁錦興

總 編 輯　陳滿銘

副總編輯　張晏瑞

編　　輯　楊佳蓉

編 輯 所　萬卷樓圖書股份有限公司

排版印刷　彩藝得印刷有限公司-新竹營業所

封底畫作　楊佳蓉

發　　行　萬卷樓圖書股份有限公司

　　　　　地址　臺北市羅斯福路二段41號6樓之3

　　　　　電話　(02)23216565

　　　　　傳真　(02)23218698

　　　　　電郵　SERVICE@WANJUAN.COM.TW

大陸經銷　廈門外圖臺灣書店有限公司

　　　　　電郵　JKB188@188.COM

香港經銷　香港聯合書刊物流有限公司

　　　　　電話　(852)21502100

　　　　　傳真　(852)23560735

ISBN　　978-986-478-108-9

2017年8月初版

定價：新臺幣490元

如何購買本書：

1. 劃撥購書，請透過以下郵政劃撥帳號：
   帳號：15624015
   戶名：萬卷樓圖書股份有限公司

2. 轉帳購書，請透過以下帳戶
   合作金庫銀行 古亭分行
   戶名：萬卷樓圖書股份有限公司
   帳號：0877717092596

3. 網路購書，請透過萬卷樓網站
   網址：WWW.WANJUAN.COM.TW

大量購書，請直接聯繫我們，將有專人為您服務。

客服：(02)23216565 分機10

如有缺頁、破損或裝訂錯誤，請寄回更換

版權所有‧翻印必究

Copyright©2016 by WanJuanLou Books CO., Ltd.

All Right Reserved　　　　　　　Printed in Taiwan

國家圖書館出版品預行編目（CIP）資料

藝術與生活：視覺美學之翱翔 / 楊佳蓉作. --
初版. -- 臺北市：萬卷樓, 2017.08
　　面；　公分
ISBN 978-986-478-108-9（平裝）

1. 通識教育 2. 藝術教育 3. 高等教育

525.33　　　　　　　　　　　　106014281